Les Voyages d'Ulysse

**Anne-Catherine
Vivet-Rémy**

**Illustrations
de Chica**

RETZ
9 BIS, RUE ABEL HOVELACQUE
75013 PARIS

DANS LA MÊME COLLECTION

Anne-Catherine VIVET-RÉMY

Les Travaux d'Hercule

Brigitte ÉVANO

Érik et Harald, guerriers vikings

DANS LA COLLECTION « AVENTURES À LIRE »

Le Château d'Oz

Georges OROS

La Maison mystérieuse

Christian LAMBLIN

La Reine des ombres

Anne DEPRÉNEUF

DANS LA SÉRIE « MESSAGES SECRETS » DE YAK RIVAIS

Au voleur !

Diable !

D'après une idée originale de Bookmaker.

© Editions RETZ, 1997 pour la première édition.
© Retz / S.E.J.E.R., 2003 pour la présente édition.
ISBN : 978-2-7256-1776-3

Sommaire

Destinée aux enfants de **CM2** et de **6e — 5e**, la collection *Un récit — des jeux pour découvrir ses classiques* assure une passerelle entre l'école primaire et le collège.

Pour bien préparer l'entrée au collège, il est essentiel de faire découvrir aux enfants les **grands mythes** qui sont à l'origine de notre culture et les épopées historiques des **grandes civilisations** du passé.

Les **héros classiques** continuent de passionner enfants et adultes : leurs aventures, en même temps qu'elles font connaître les cultures antiques ou médiévales, retracent, sur un mode symbolique, toutes les situations caractéristiques de la condition humaine.

La collection *Un récit — des jeux pour découvrir ses classiques* propose **des textes originaux**, découpés en courts épisodes illustrés, faciles à lire, complétés par des pages de **jeux** et de **documentation**.

Ces pages permettent à l'enfant de :

● vérifier sa **compréhension du texte** à partir de questions simples mais fondamentales sur l'action, les personnages, le sens des mots importants ;

● mémoriser le **vocabulaire** en répondant à des charades, en faisant des mots croisés ou d'autres exercices ;

● se constituer un **bagage culturel** grâce aux nombreuses informations qui se rapportent à la civilisation, à la culture, au contexte historique dans lesquels s'inscrit le récit ;

● jouer un **rôle actif dans son apprentissage** grâce aux activités sur le texte qui lui sont proposées.

I

Pénélope et Télémaque

VOILÀ DIX ANS que les Grecs, vainqueurs de la guerre de Troie, ont regagné leur patrie. Seul Ulysse n'a pas revu les siens, poursuivi par la haine implacable du dieu Poséidon. Il ne sait rien de son épouse Pénélope et de son fils Télémaque qu'il a laissés voici vingt ans à Ithaque, alors que Télémaque n'était encore qu'un tout petit garçon. Il ne sait pas qu'en son palais, depuis des années, les nobles de son royaume se sont installés. Jour et nuit, ils organisent des banquets, des fêtes, des jeux. Chaque jour, ils exigent que les bêtes les plus grasses des troupeaux d'Ulysse soient tuées, que les vins les meilleurs leur soient servis, que le pain soit confectionné avec la meilleure farine. Que peuvent contre eux si nombreux la reine Pénélope et son fils Télémaque ? Certes, ce dernier a grandi. C'est aujourd'hui un beau jeune homme qui possède tous les traits de son père. Mais la lutte serait trop inégale. Et depuis quelques années, sûrs qu'Ulysse est mort, ces hommes exigent de sa mère qu'elle choisisse un époux parmi eux ! Que faire ?

Mais la déesse Athéna n'a pas oublié Ulysse et souhaite venir en aide à Télémaque... Du haut de l'Olympe, la fille de Zeus chaussa ses belles sandales qui la portent sur la mer et sur la terre, plongea et arriva bientôt sur l'île d'Ithaque, le royaume d'Ulysse. En la voyant, nul n'aurait pu la reconnaître car elle avait pris l'apparence d'un homme mûr tenant à la main une lourde lance de bronze. Arrivée sur le seuil du palais d'Ulysse, elle dut se frayer un passage parmi les prétendants qui jouaient aux dés, étendus sur des peaux, et buvaient des coupes de vin que les serviteurs empressés remplissaient dès qu'elles étaient vides. Télémaque ne jouait pas. L'air sombre, il rêvait que son père rentrait, chassait tous ces prétendants et régnait à nouveau en maître dans sa demeure. Sortant de sa rêverie, il aperçut Athéna. Hospitalier, il s'approcha aussitôt.

— Je te salue, étranger, et t'accueille volontiers dans ma maison. Viens partager notre repas. Tu nous diras ensuite ce qui t'amène parmi nous.

Après le festin, vinrent les chants et les danses.

— Voilà à quoi ils passent leurs journées ! dit alors Télémaque à son hôte en désignant les prétendants. Ils pillent tout le bien de mon père qui doit être mort misérable sur quelque terre lointaine. Ah ! s'il pouvait revenir ! Tu verrais alors ces prétendants arrogants prendre leurs jambes à leur cou ! Mais toi, dis-moi ton nom. Qui es-tu ? D'où viens-tu ?

Athéna, la déesse aux yeux pers, inventa une histoire et termina sur ces mots :

— Si je suis ici, c'est que je pensais que ton père était de retour. Sans doute les dieux l'en empêchent-ils ! Cependant, écoute bien ce que je vais te dire. Je ne suis pas devin mais je t'annonce que ton père est vivant et qu'il reviendra ici, sur la terre de ses aïeux, même s'il est entravé par la plus lourde des chaînes. Tu connais sa ruse !

Puis jetant un regard autour d'elle sur les prétendants :

— Quelle insolence ! Comment ne pas être indigné ?

— Je préférerais que mon père fût mort sous les murs de

« La déesse lui apparut sous les traits
du vieillard Mentor... »

Troie. Aujourd'hui il aurait une tombe et sa gloire rejaillirait sur moi. Mais il est mort seul sur quelque rivage, ne me léguant que la douleur et les larmes.

— Si Ulysse rentre, leur vie sera courte ! Mais il te faut songer au moyen de renvoyer les prétendants. Tu vas faire ce que je te dis. Demain, convoque-les avec le peuple sur l'agora et, devant tous, somme-les de rentrer chez eux. Tu leur annonceras que tu pars chez le divin Nestor à Pylos, puis à Sparte chez Ménélas afin d'avoir des nouvelles fiables de ton père. Médite mes paroles. Montre-toi courageux, tu n'es plus un petit enfant. Je dois maintenant partir.

Télémaque voulut retenir Athéna mais elle avait disparu brusquement. C'est alors qu'il comprit : celui qui venait de s'adresser à lui comme un ami, comme un père, n'était autre que la déesse Athéna ! Le cœur empli d'une fermeté nouvelle, Télémaque arrêta les rires et les chansons et dit aux prétendants qu'il les convoquait pour le lendemain sur l'agora.

À peine avait paru l'aube aux doigts de rose qu'il se leva, se vêtit d'une tunique fine, chaussa ses sandales et ceignit sa lourde épée. Ainsi vêtu, il semblait le fils d'un dieu paré d'une grâce céleste. Il se rendit sur l'agora où s'étaient rassemblés les prétendants et le peuple. Un sage vieillard prit la parole :

— Aucune assemblée n'a été convoquée depuis le départ d'Ulysse. Télémaque, aurais-tu quelque nouvelle de notre armée partie pour Troie ? Ou veux-tu débattre d'un sujet qui concerne notre cité ?

— Non, il ne s'agit pas de cela, répondit Télémaque. Je veux parler au peuple des prétendants qui harcèlent ma mère. Ils sont installés chez mon père dont ils déciment les troupeaux pour leurs banquets. Et il n'est personne parmi vous pour prendre ma défense !

De colère, Télémaque jeta à terre le sceptre qu'on lui avait remis quand il avait pris la parole. Le peuple restait muet. Antinoos, l'un des prétendants, s'exclama :

— Quel orateur emporté ! La cause de tes malheurs, Télémaque, sont-ce les prétendants ou n'est-ce pas plutôt ta mère ? Voilà bientôt quatre ans que nous la demandons en mariage ! Nous a-t-elle éconduits ? Non ! Mais elle a ourdi une ruse, la fourbe ! Elle nous a fait croire qu'elle choisirait l'un d'entre nous quand elle aurait achevé de tisser le linceul qu'elle avait commencé pour Laerte, son beau-père. À contrecœur, nous avons accepté. À tisser cette toile elle passait ses jours, tandis qu'à notre insu elle la défaisait la nuit, à la lueur des torches ! Elle nous dupa ainsi trois années durant. C'est l'une de ses servantes qui l'a trahie la quatrième année. Télémaque, nous dilapiderons ton bien jusqu'à ce qu'elle ait choisi l'un d'entre nous.

À ces mots, Télémaque opposa un refus et exigea à nouveau le départ des prétendants, les menaçant de la colère des dieux. Tandis qu'il parlait, deux aigles tournoyèrent dans le ciel au-dessus de l'assemblée. C'est alors qu'un devin, Mentor, expert dans le vol des oiseaux, annonça :

— Prétendants, je vous le dis, le malheur va fondre sur vous. Le retour d'Ulysse est proche et sa vengeance sera terrible ! Tout s'accomplit ainsi que je l'avais prédit à Ulysse : les maux qu'il endurerait, la mort de ses compagnons et son retour vingt ans après son départ, seul et méconnu de tous.

Les prétendants huèrent le pauvre vieillard, se moquant de ses prophéties. Et quand Télémaque leur annonça son départ, certains s'y opposèrent et levèrent la séance.

Tandis que tous s'en retournaient au palais, Télémaque invoqua Athéna. La déesse lui apparut sous les traits du vieillard Mentor et lui rappela qu'il était le fils d'un homme courageux qui avait toujours accompli ce qu'il avait dit ou entrepris. Il ne devait pas se laisser impressionner mais se montrer brave et sage comme son père, en ne renonçant pas à son voyage. Lui, Mentor, l'accompagnerait.

De retour au palais, Télémaque refusa de manger et de boire avec les prétendants.

— Je ne veux plus supporter votre insolence et me taire. Vous avez pillé mes biens et aujourd'hui, j'appelle de tous mes vœux la colère des dieux sur vous. J'accomplirai ce voyage malgré vous !

Lorsque la nuit fut tombée, Athéna versa le sommeil sur les paupières des prétendants. Toujours sous les traits de Mentor, elle guida Télémaque jusqu'au port où le vaisseau était affrété.

Télémaque parvint sans encombre chez le roi Nestor à Pylos qui, ne sachant rien d'Ulysse, lui conseilla de se rendre chez Ménélas à Sparte.

Dans le palais de Ménélas, Télémaque fut reçu comme un hôte de marque. Ménélas lui raconta longuement son difficile retour et comment il avait appris du dieu Protée qu'Ulysse était retenu prisonnier sur l'île de la nymphe Calypso. Heureux de ce renseignement, le jeune homme repartit à Ithaque. Mais les prétendants avaient découvert son départ et complotaient déjà contre lui. Quelques-uns d'entre eux étaient d'ailleurs partis en mer afin de lui tendre un piège entre Samos et Ithaque...

1 Test : es-tu persévérant ?

Vocabulaire Pénélope, vingt ans après le départ d'Ulysse, croit toujours en son retour. Elle pense qu'il est toujours vivant et reviendra : « S'il était mort, mon cœur se serait brisé » disait-elle. Comme tu viens de le lire, elle inventa la ruse de la toile pour tromper les prétendants. Quelle patience, quelle **persévérance**, il lui fallut !

Grâce à ce test, tu vas savoir si toi aussi tu es persévérant, c'est-à-dire si tu sais faire des efforts pendant longtemps afin d'atteindre le but que tu t'es fixé. Entoure les symboles correspondant à la réponse.

A — C'est mercredi. À deux heures, tu as une activité sportive. Ton copain t'appelle pour te proposer d'aller au cinéma.

- **a** C'est tentant. Tu hésites. Tu joues à pile ou face.
- **b** Tu acceptes aussitôt.
- **c** Tu refuses car tu veux t'entraîner pour la prochaine compétition.

B — Tu as un contrôle de maths.

- **a** Tu refais les exercices déjà réalisés en classe pour améliorer ta moyenne.
- **b** Tu arrives tôt le jour du contrôle pour demander au meilleur en maths ce que tu n'as pas compris.
- **c** Comme tu ne comprends rien aux maths, tu « oublies » de réviser.

C — **Tu as envie d'une paire de rollers.**

a Tu demandes l'argent à tes parents.

b Au bout d'un mois d'économies, tu n'as que cent francs. Tu achètes finalement un jeu vidéo d'occasion.

c Tu proposes autour de toi de faire des petits travaux afin d'avoir la somme le plus vite possible.

D — **Tu as décidé de devenir aussi bon guitariste que X... que tu adores. Après quelques semaines, tu es tenté d'arrêter car c'est difficile.**

a Tu continues car tu penses que tes efforts finiront par être couronnés de succès.

b Tu décides d'arrêter comme l'a fait ton copain l'an passé.

c Tu changes d'instrument.

E — **En classe, on t'a demandé de lire un livre de plus de deux cents pages.**

a Tu lis les deux premiers et les deux derniers chapitres.

b Ce livre est ennuyeux mais tu le lis d'un bout à l'autre.

c Ta sœur l'a déjà lu. Tu lui demandes de te raconter l'histoire.

F — **Si tu devais être un animal, tu serais :**

a Un caméléon.

b Un lézard.

c Une fourmi.

G — **Ton loisir préféré :**

a Regarder la télévision.

b Être invité chez des copains.

c Faire un puzzle.

H — **Comment vois-tu ton avenir ?**

a Tu travailleras avec ton père.

b Tu seras chercheur.

c Tu espères gagner au loto.

> **Additionne le nombre de signes que tu as obtenus.**
>
> **a** ....
>
> **c** ....
>
> **b** ....

2 Résultats du test

Tu as un maximum de [a]
Tu manques totalement de persévérance. Toute entreprise te paraît difficile et tu y renonces aussitôt car les efforts te rebutent. Quelquefois les choses sont bien moins difficiles qu'on ne l'imagine. Courage ! Sache qu'on peut éprouver un immense bonheur à se surpasser.

Tu as un maximum de [b]
Tu attends que le hasard décide pour toi. Prendre une décision seul t'embarrasse beaucoup. Cela te conduit à prendre de bonnes décisions aussi bien que de mauvaises. C'est dommage. Pourquoi ne pas réfléchir avant de décider et, après, faire ce que tu penses le mieux pour toi ? Ne te laisse pas détourner de tes objectifs par les autres. Prends de l'assurance !

Tu as un maximum de [c]
Tu es très persévérant. Il est difficile de te faire renoncer à un objectif que tu as décidé d'atteindre. Rien ne t'arrête, ni le temps, ni les difficultés, ni l'effort. Tu mèneras à bien tout ce que tu entreprendras.

Tu as autant de [c] **que de** [a]
Quand c'est vraiment indispensable, quand les choses te tiennent à cœur, tu sais faire preuve de persévérance. Pour le reste, tu t'en remets aux décisions des autres.

Tu as autant de [b] **que de** [c]
Tu es imprévisible. Parfois tu es capable de t'entêter, parfois tu renonces avant même d'avoir commencé. Si tu peux te montrer persévérant dans certaines circonstances, tu pourrais, avec quelques efforts supplémentaires, l'être dans tous les domaines. Le proverbe « quand on veut, on peut » te convient comme un gant.

Tu as autant de [a] **que de** [b]
Il faut réagir et lutter contre ton manque de motivation. Rien ne semble t'intéresser vraiment. Tu ne sais pas ce que tu perds. La vie est passionnante quand on le veut. En renonçant à l'avance à tout effort, tu laisses sommeiller des qualités que tu possèdes certainement.

Documentation

I

La guerre de Troie

Pâris est Troyen et la « plus belle mortelle du monde » est Hélène, l'épouse du roi grec Ménélas. Pâris, aidé par la déesse Aphrodite, enlève Hélène et la conduit à Troie. Ménélas, aidé de tous les rois grecs, assiège Troie. La discorde s'installe alors chez les hommes qui vont combattre pendant dix années jusqu'à la victoire finale des Grecs, mais aussi chez les Dieux qui vont se trouver divisés en deux camps : ceux qui combattront avec les Troyens et ceux qui soutiendront les Grecs.

Le cheval de Troie

La guerre de Troie s'éternisait depuis dix ans quand Ulysse eut l'idée d'une ruse : il fit construire un immense cheval de bois à l'intérieur duquel se cachèrent les meilleurs guerriers grecs. Le reste de l'armée embarqua puis fit semblant de se retirer, laissant le cheval sur la grève. Grâce à un espion, les Grecs firent croire aux Troyens que ce cheval était une offrande aux dieux. La flotte ennemie disparue et malgré les mises en garde du devin Laocoon, les Troyens tirèrent ce cheval fabuleux jusqu'à l'intérieur de leur ville. Ils durent même abattre une partie des remparts pour l'y faire pénétrer tant il était gigantesque. Une fois dans la cité ennemie et la nuit venue, les Grecs sortirent de leur cachette et s'élancèrent à l'assaut de leurs ennemis, surpris en plein sommeil. Ils massacrèrent les hommes, emmenèrent les femmes et les enfants en esclavage, et détruisirent la ville que leur long siège n'avait pas permis auparavant de prendre.

II

Calypso
aux cheveux bouclés

Sur l'Olympe, les dieux sont assemblés. Athéna, la fille de Zeus, leur conte les tourments d'Ulysse.

— Voilà vingt ans qu'Ulysse a quitté son île d'Ithaque. Pendant dix ans, il a combattu sous les murs de Troie, se montrant un chef valeureux et ingénieux, et a enduré les tourments de la guerre, loin des siens. Cette guerre est achevée depuis dix ans maintenant et il continue à errer sur le dos de la mer, toujours séparé de son épouse Pénélope et de son fils Télémaque. Ulysse était un roi sage, juste et bon. À quoi toutes ces qualités lui ont-elles servi puisque, aujourd'hui, son peuple ne se souvient plus de lui ? Seuls Pénélope et Télémaque espèrent inlassablement son retour, fidèles à son souvenir. En ce moment, Ulysse est retenu prisonnier sur l'île d'Ogygie par la nymphe Calypso. Seul, comment pourrait-il atteindre les rives d'Ithaque ? Zeus, mon père, permettez lui de rentrer dans sa demeure !

— Soit ! répondit Zeus, le roi des dieux. Décrétons le retour d'Ulysse ! Hermès, mon fils, toi qui es le messager des dieux, va dire à la nymphe aux cheveux bouclés qu'elle laisse partir Ulysse. Seul, sur un radeau, il voguera sur la mer pendant vingt jours, endurant mille souffrances avant d'atteindre l'île de Schérie, terre des Phéaciens. Ceux-ci lui accorderont l'hospitalité, le comblant de richesses, puis le ramèneront à Ithaque. Car son destin est de revoir sa famille et son royaume.

Sans attendre, Hermès noua les lanières de ses sandales ailées grâce auxquelles il voyage plus vite que le vent, sur la terre et les flots. Muni de sa baguette qui ouvre ou ferme les yeux des hommes, il s'élança dans le ciel, plongea vers la mer, rasa les flots comme une mouette agile. Lorsqu'il arriva, la nymphe Calypso, au fond de la vaste caverne qui lui tient lieu de demeure, tissait au coin du feu. Le cèdre et le thuya y flambaient, embaumant toute l'île. Aux abords de la grotte, une forêt avait poussé où nichaient les oiseaux, mêlant ainsi leurs chants à celui de la nymphe aux cheveux bouclés. Sur les ceps vigoureux d'une vigne mûrissaient des grappes lourdes et quatre sources paisibles arrosaient une prairie parsemée de violettes. Hermès admira longtemps la beauté de ce lieu. Il était sous le charme.

Puis il entra. Il ne vit pas Ulysse. La nymphe, s'arrêtant de chanter, le reconnut aussitôt. Comme il était d'usage, elle le fit asseoir et lui offrit le nectar et l'ambroisie, la nourriture des dieux.

— Je viens à toi, déesse, envoyé par Zeus. Tu retiens dans ton île Ulysse, le héros. Il faut le renvoyer car son destin est de revoir sa patrie.

Calypso frémit à ces mots.

— Les dieux sont jaloux et injustes envers les nymphes qui aiment un mortel. Oui, Ulysse vit auprès de moi car je l'ai sauvé lorsque vous l'avez abandonné sur les flots après que tous ses compagnons eurent péri. Mais je ne peux aller contre les ordres de Zeus. Ainsi je le renverrai, seul, sans navire à rames.

Assis sur la plage, Ulysse pleurait en son cœur. Comme

« C'est alors qu'une lame renversa
le radeau. »

chaque jour, il songeait à Ithaque. Il avait aimé la nymphe, dont il avait partagé la couche au fond de la grotte profonde. Mais maintenant, il aspirait au doux retour. Calypso s'approcha.

— Je ne veux plus te voir pleurer. Va ! Construis un radeau avec les arbres de cette île et quand tu seras prêt, je ferai souffler un bon vent qui te ramènera sain et sauf chez toi. Je te donnerai le pain, l'eau et le vin pour ce long voyage. Et si les dieux le veulent, tu atteindras l'île d'Ithaque.

Ensemble, ils regagnèrent la grotte où ils prirent un dernier repas. Calypso, une dernière fois, lui demanda :

— Es-tu sûr de vouloir rentrer chez toi ? Tu sais pourtant que si tu restais ici, je t'offrirais l'immortalité des dieux. À la douceur de mon logis, tu sembles préférer les dangers de la mer. Est-elle donc si belle, Pénélope, ton épouse, pour que tu veuilles si fort la rejoindre ?

— C'est là mon plus cher désir ! Je te remercie, Calypso, pour ton hospitalité. Je sais que Pénélope n'a ni ta majesté ni ta beauté mais je ne peux l'oublier et, pour retrouver ma patrie, je suis prêt à affronter les tourments de la mer. J'ai déjà enduré et les tempêtes et la guerre ; j'endurerai encore un surcroît de peines pour retrouver les miens.

Quand parut l'aurore aux doigts de rose, Calypso et Ulysse se rendirent dans une futaie d'antiques arbres morts. Leur bois était sec et flotterait parfaitement. Là, pendant quatre jours, Ulysse coupa, ébrancha, tailla, équarrit, assembla les fûts qui constitueraient le plancher du radeau. Puis Calypso apporta des étoffes dont Ulysse fit des voiles. Il fixa le gouvernail : le radeau était maintenant prêt à prendre la mer. La nymphe aux cheveux bouclés y chargea les vivres et nombre de douceurs. Une dernière fois, elle baigna Ulysse et lui fit revêtir de riches vêtements parfumés. Heureux et plein d'espoir, Ulysse prit enfin la mer.

Un bon vent soufflait. D'une main de maître, Ulysse tenait le gouvernail. Il navigua sans jamais prendre de repos. La nuit, il fixait le ciel, guidé par les étoiles, laissant toujours, ainsi que Calypso le lui avait conseillé, la grande ourse à gauche de son embarcation. Au bout de dix-sept jours, il aperçut enfin l'île de Schérie, posée sur les flots comme un bouclier.

Mais Poséidon, le dieu de la mer, posté sur le mont Solyme, scrutait le large. Quand il vit Ulysse prêt à aborder, il en conçut une grande colère.

— Quoi ! Ainsi les dieux ont profité de mon absence pour permettre à Ulysse de regagner Ithaque ! Il n'est pas dit qu'il en sera ainsi ! Ne lui ai-je pas encore envoyé son content de malheurs ?

Sur ces mots, il déchaîna une terrible tempête. Le ciel s'obscurcit, des bourrasques de vent soulevèrent la mer qui sembla partir à l'assaut des nuages noirs. Ulysse se souvint des paroles de Calypso. Il se lamenta :

— Que ne suis-je mort sous les murs de Troie, en héros comme Achille ! On aurait alors chanté ma gloire. Au lieu de cela, je vais connaître une mort obscure !

C'est alors qu'une lame renversa le radeau. Dans un fracas terrible, le mât se brisa, les voiles se déchirèrent, et Ulysse fut projeté au loin. Alourdi par ses vêtements, il coula. Lorsqu'il revint à la surface, sa seule idée fut de rejoindre le radeau. En quelques brasses il l'atteignit, se hissa sur le plancher et s'assit au milieu, se cramponnant pour éviter la mort.

Les vents le ballottaient de tous côtés. Il croyait sa fin venue lorsqu'une mouette se posa sur le bord du radeau. Surprenant Ulysse, elle prit la parole :

— N'aie crainte ! Il ne t'arrivera rien. Je suis la déesse Ino. Écoute mon conseil : quitte ces vêtements et ce radeau. À la nage, regagne le rivage de Phéacie où t'attend le salut. Prends ce voile divin qui te protégera. Mais une fois sur le sable, jette-le sans te retourner.

Sur ces mots, la mouette blanche disparut dans les flots sombres. Ulysse, méfiant, redoutant un nouveau piège, décida de demeurer sur le radeau tant que les bois resteraient ajustés. C'est alors qu'une vague immense fit éclater les poutres, les dispersant de tous côtés. Dans la mer déchaînée, Ulysse s'agrippa à l'une d'elles et l'enfourcha comme un cheval. Il se défit alors de ses vêtements et, en hâte, il étendit le voile donné par Ino sur son corps. La tête en avant, il se jeta dans les vagues furieuses.

Satisfait, le sourire aux lèvres, Poséidon cravacha ses chevaux à la crinière d'écume et regagna son temple dans la mer Égée. Mais Athéna veillait et ordonna aux vents :

— Fuyez, dormez ! Je veux qu'Ulysse arrive sauf sur l'île de Phéacie.

Deux jours durant, Ulysse dériva encore avant d'apercevoir la terre des Phéaciens, couverte de forêts. Heureux comme un enfant qui voit renaître à la vie son père mourant, il se mit à nager vers la rive. Hélas ! Il ne découvrit qu'une côte hérissée de rochers contre lesquels la mer risquait à tout moment de l'écraser. Pas un port, pas une calanque, pas une anse où aborder. Mais Athéna le guida vers l'embouchure d'un fleuve dont il parvint à remonter le cours. Arrivant à un bois, c'est sous un olivier feuillu qu'il s'abrita. Il s'enfouit alors dans un lit de feuilles sèches. Athéna lui ferma les paupières et lui dispensa le doux sommeil.

1 Test de lecture

Es-tu un lecteur attentif ? Coche la réponse qui te semble juste.

A — Sur l'Olympe, quelle déesse raconte l'histoire d'Ulysse ?

    a Ino   **b** Héra   **c** Athéna

B — Ulysse a quitté Ithaque depuis :

    a dix ans   **b** vingt ans   **c** dix-sept jours

C — Pénélope est :

    a l'épouse d'Ulysse   **b** une déesse   **c** une nymphe

D — Le messager des dieux s'appelle :

    a Arès   **b** Hermès   **c** Héraclès

E — Le messager des dieux est transporté par :

    a un cheval   **b** une mouette   **c** des sandales ailées

F — Aux abords de la grotte, on peut voir :

    a une cascade   **b** un fleuve   **c** quatre sources

G — Ulysse est retenu chez :

    a Calypso   **b** Ino   **c** Poséidon

H — Après la tempête, Ulysse aborde :

    a l'île d'Ogygie   **b** l'île de Schérie   **c** l'île d'Ithaque

2 Charades

En répondant à ces charades, tu retrouveras des noms de personnages du chapitre II.

A — Mon premier est l'enveloppe extérieure du corps des animaux vertébrés.
Mon deuxième connaît la vérité.
Mon troisième est une voyelle.
Mon quatrième est un cadeau.
Mon tout soulève des tempêtes.

Réponse : ....

B — Mon premier est synonyme de chagrin.
Les sandales d'Hermès sont munies de mon deuxième.
Mon troisième est une onomatopée qui indique le saut.
Mon tout attend le retour d'Ulysse.

Réponse : ....

C — Au bord des autoroutes, on se repose sur mon premier.
Mon second se célèbre chaque dimanche.
Mon tout annonce à Calypso le départ d'Ulysse.

Réponse : ....

3 Qui suis-je ?

Trouve à quel personnage ou à quel lieu ces poésies font allusion.

Mon cheval est fameux.
Achille y mourut.
Mon nom est après deux.
Pour toutes ces raisons, je suis connue.

Qui suis-je ? ....

Je suis un des délices
Des puissances divines.
De moi, ils se nourrissent.

Qui suis-je ? ....

Zeus est le dieu le plus important dans la mythologie grecque. Les Romains l'ont introduit dans leur mythologie. C'est pourquoi, comme tous les autres dieux, il a aussi un nom latin. Le connais-tu ?

Fiche d'identité

Zeus

Né de :
Cronos (ou Chronos) et Rhéa.

Frère de :
Hadès, Poséidon, Héra...

Époux de :
Héra.

Père de :
Hercule et d'innombrables enfants qu'il a conçus aussi bien avec sa femme qu'avec des divinités et des mortelles.

Profession :
souverain suprême des Dieux et des Hommes.

Adresse : l'Olympe.

Animal : l'aigle.

Arbre : le chêne.

Lieux où sont rendus ses oracles :
Dodone et Olympie.

Jour consacré :
jeudi (du nom latin Jupiter).

Équivalent latin : Jupiter (ou Jovis).

Portrait
Majestueux.
Porte une barbe et une abondante chevelure.
Tient dans une main la foudre que lui forgea son fils Héphaïstos, de l'autre l'égide, bouclier fait avec la peau de la chèvre Amalthée.

Signes particuliers
Se métamorphose de mille façons (coucou, taureau, cygne, aigle, pluie d'or, cheval).
Époux volage.

As-tu remarqué que Zeus a épousé sa sœur ? Ce genre d'alliance est courante chez les dieux de la mythologie.
Observe d'autres exemples dans les fiches suivantes.

III

Nausicaa
aux bras blancs

TANDIS qu'Ulysse dormait, Athéna, la déesse aux yeux pers, alla visiter en songe Nausicaa. C'était la fille d'Alkinoos, le roi des Phéaciens. Comme un souffle de vent, elle s'approcha du lit où reposait la jeune fille endormie.

— Nausicaa, tu dors alors que ton mariage est proche ! Belle comme tu es, les plus nobles des Phéaciens rêvent de t'épouser. Demande à ton père de faire atteler un char et, demain, dès l'aurore, avec tes compagnes, allez aux lavoirs. Là, vous procéderez au lavage du linge d'apparat de toute la famille.

Le lendemain, son père acquiesça avec joie à sa demande, devinant que Nausicaa songeait à ses noces. Voilà bientôt équipée la voiture à hautes roues, les mules harnachées et, quand tout fut chargé, le linge et les vivres, Nausicaa aux bras blancs prit les rênes et le cortège s'ébranla. La reine Arété n'avait pas oublié de remettre à sa fille une fiole d'or emplie d'huile fluide pour se parfumer après le bain.

Parvenus près du fleuve aux eaux vives et claires, on déchargea le char, on dételles mules afin qu'elles aillent paître près des cascades, là où l'herbe a la saveur du miel. Et l'on se mit à l'ouvrage : le linge fut foulé, blanchi, rincé, puis étendu sur la grève. Cette tâche achevée, les jeunes filles s'adonnèrent à la joie du bain, puis s'enduisirent d'huile fine. On mangea alors, on but le vin doux et, abandonnant leur voile, maîtresse et servantes jouèrent à la balle. Nausicaa aux bras blancs se distinguait du groupe par sa grande beauté.

Alors que Nausicaa lançait la balle, Athéna en dévia la trajectoire, l'envoyant dans une vasque creusée par une cascade. Toutes poussèrent de tels cris qu'Ulysse se réveilla. C'est là ce que voulait la déesse qui avait décidé que le divin Ulysse serait mené jusqu'au palais d'Alkinoos par Nausicaa. Ulysse sortit en effet des bois, encore tout souillé de l'écume de la mer. Comme il était nu, il prit soin, par pudeur, de se couvrir d'une branche feuillue. Malgré cette précaution, lorsqu'il arriva près du groupe, les jeunes filles s'enfuirent. Seule resta Nausicaa. Athéna, pour la circonstance, avait rempli son cœur d'audace. La voyant si décidée, si forte, Ulysse craignant de la courroucer, lui adressa cette douce prière :

— Ô reine, je te supplie à genoux, peu importe que tu sois déesse ou mortelle ! Si tu es une déesse, ta beauté et ta majesté t'apparentent à Artémis. Si tu n'es qu'une simple mortelle, que soient bénis tes parents pour t'avoir pourvue de tant de grâces ! Bienheureux l'homme qui sera ton époux ! Je n'ai jamais vu homme ou femme dont la beauté te soit comparable. Mais je crains d'embrasser tes genoux. Après vingt jours d'errance sur les vagues amères, vingt jours pendant lesquels les dieux m'ont tourmenté, j'ai échoué hier sur les côtes de cette terre. Ô toi la première que je rencontre, aurais-tu quelque vêtement pour me couvrir ? M'indiquerais-tu le chemin de la ville ? Ne me rejette pas, j'ai déjà tant souffert ! Fassent que les dieux comblent tous tes vœux et t'accordent un époux et un foyer !

— Étranger, ne crains rien. Je t'accorderai l'hospitalité, comme à tous les suppliants de Zeus. Tu es ici en Phéacie. Et moi, je suis la fille d'Alkinoos, le maître de ces lieux.

Puis s'adressant à ses compagnes aux cheveux bouclés :

— Revenez, mes filles, cet homme n'est pas un ennemi mais un naufragé. Et puisqu'il est venu jusqu'à nous, accueillons-le comme un envoyé de Zeus.

Nausicaa aux bras blancs leur ordonna alors de le baigner, de le vêtir et d'oindre son corps d'huile fine. Par pudeur, Ulysse refusa leur aide et alla se laver seul, à l'abri des regards. Sa toilette achevée, c'est plus grand, plus fort, et rayonnant de charme qu'il leur apparut. Éblouie, Nausicaa ordonna à ses servantes de lui porter à boire et à manger. Après avoir enduré tant de privations, Ulysse se restaura avidement. Puis Nausicaa lui dit :

— Allons à la maison de mon père. Mais suis bien mes conseils : marche auprès de mon char tant que nous serons dans la campagne. Ensuite il te faudra te cacher dès que nous atteindrons une hauteur d'où tu apercevras les remparts de notre ville. De là, tu verras aussi nos ports et nos vaisseaux ainsi que le beau temple de Poséidon entouré de l'agora où les Phéaciens sont occupés à fabriquer agrès, cordages, voiles et rames. Aux arcs et aux carquois, ils préfèrent les mâts et les navires qui les portent sur la mer écumeuse. Tu te dissimuleras dans le bois consacré à Athéna. Je ne veux pas qu'on nous voie ensemble car les méchants se mettraient à médire. Je ne peux me montrer avec un homme inconnu alors que je n'ai pas encore d'époux. Tu attendras dans le bois jusqu'à ce que nous soyons entrées au palais. Alors seulement, tu te mettras en route.

Une fois arrivé dans notre ville, demande le logis de mon père. Entre et va droit à ma mère. Tu la trouveras sans doute au coin du feu occupée à filer. Jette les bras autour de ses genoux si tu veux obtenir ton retour.

« Ulysse sortit en effet des bois, encore tout souillé
de l'écume de la mer. »

Ulysse agit ainsi que Nausicaa le lui avait demandé et attendit dans le bois d'Athéna. Il implora la déesse aux yeux pers afin que les Phéaciens se montrassent hospitaliers envers lui. Athéna l'exauça. Tout d'abord, et sans qu'Ulysse même s'en aperçût, elle le rendit invisible. Puis sous les traits d'une toute jeune enfant, elle le guida jusqu'à la demeure du généreux Alkinoos.

Que de beautés, de richesses assemblées dans ce palais ! Le bronze, l'or, l'argent y resplendissaient partout. Dans la cour, des servantes s'activaient, qui à moudre le grain, qui à tisser habilement le fil. Venait ensuite un grand verger dont les arbres donnaient à profusion des fruits en toute saison. Les poires, les pommes, les figues, les grenades, les vignes côtoyaient un potager, objet de soins attentifs. Deux sources y coulaient, l'une pour le jardin, l'autre pour la maison. Ulysse admira longtemps cette abondance que seuls les dieux pouvaient permettre.

Puis il franchit le seuil et entra dans la grande salle où étaient assemblés les nobles Phéaciens. Il se dirigea vers Arété. Comme il se jetait aux pieds de la reine, Ulysse redevint visible, au grand étonnement de tous.

— Je vous supplie, ô reine, et toi, noble roi, de m'aider à regagner ma patrie. J'ai déjà tant souffert, loin des miens.

On le fit se relever et s'asseoir dans le fauteuil du fils préféré du roi car rien n'est trop beau pour honorer les suppliants de Zeus. On apporta une aiguière d'or emplie d'eau et une bassine d'argent afin qu'il se lavât les mains et les pieds. Puis on l'honora d'un repas. Dans un cratère, l'on mélangea le vin et l'on but en l'honneur de Zeus qui porte l'égide. Alkinoos prit la parole :

— Demain, en l'honneur de notre hôte, nous organise-rons une fête où nous sacrifierons des victimes aux dieux. Après, nous veillerons à ce qu'il parvienne enfin à sa terre natale, sans plus de souffrance.

À la reine qui lui demandait son nom et d'où il venait, Ulysse raconta la terrible tempête qu'il avait essuyée en quittant l'île de la nymphe Calypso et comment il avait échoué sur les côtes de Schérie. Alkinoos, touché par tant de malheurs, lui proposa de demeurer en son île et d'épouser sa fille. Ulysse le remercia mais déclina son offre car son seul vœu était de retrouver les siens.

Puis la nuit étant déjà fort avancée, tous regagnèrent leur couche.

?

1 Test de lecture

Es-tu un lecteur attentif ? Saurais-tu relier à chacun des personnages suivants l'expression qui le caractérise ?

Personnages	Expressions
1 - Nausicaa	a - aux cheveux bouclés
2 - Athéna	b - généreux
3 - Alkinoos	c - aux yeux pers
4 - Les compagnes	d - qui porte l'égide
de Nausicaa	e - la déesse à l'arc
5 - Zeus	f - aux bras blancs
6 - Artémis	

2 Charades

De qui ou de quoi s'agit-il ?

A — Mon premier jamais sans sa baguette ne va.
Mon deuxième est un champion du volant.
Mon troisième est une note de musique.
Alkinoos est le roi de mon tout.

Réponse : ....

B — Mon premier n'est pas bon marché.
Mon second nourrit les Chinois.
Mon tout est le nom exact de l'île des Phéaciens.

Réponse : ....

C — La musique, la danse, la poésie font partie de mon premier.
Mon second est la saison des vacances.
Mon tout est le nom de la mère de Nausicaa.

Réponse : ....

3 Mots croisés

1- On le franchit pour entrer dans une maison.
2- On doit l'accorder à quiconque arrive à l'improviste.
3- Nom donné à celui qui échoue après une tempête.
4- Nom féminin de la même famille que « errer ». Ulysse l'a connue
   pendant vingt jours.
5- Nom de la terre où Ulysse aborde dans ce chapitre.
6- Nom donné à celui qui demande l'hospitalité.
7- Les Grecs l'offraient aux dieux lors de leurs fêtes.
8- Objet dans lequel les Grecs préparaient le vin.
9- Bouclier fait avec la peau de la chèvre Amalthée que porte
   toujours Zeus.
10- S'enduire d'huile.

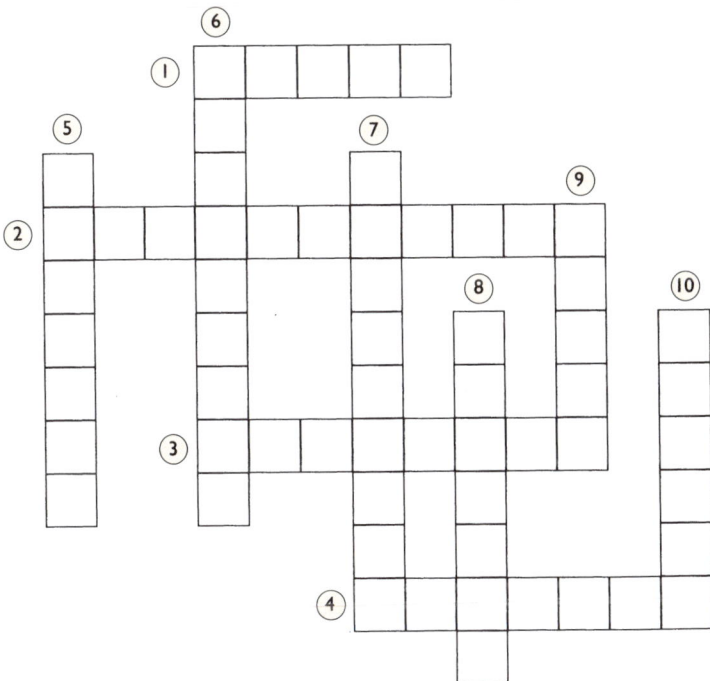

Conseillère des Dieux et des Mortels, la fille favorite de Zeus protège les héros dans leur lutte pour le Bien. Découvre ses autres particularités...

Fiche d'identit

Athéna

Portrait

Beauté simple, modeste. Air grave, plein de noblesse, de force et de majesté. Elle porte un casque, une lance, un bouclier et l'égide.

Signes particuliers

Fille préférée de Zeus. Avec Arès, est la seule à porter l'égide de son père. Athéna a le pouvoir de donner le don de prophétie et de prolonger la vie des Mortels. Se montre toujours juste et clémente.

Née de :

Zeus.
Celui-ci apprit que si Métis, la mère, mettait elle-même au monde son enfant, ce dernier le détrônerait. Zeus dévora donc Métis. Athéna sortit tout armée du crâne de son père après qu'Héphaïstos lui eut donné un coup de hache sur la tête pour le soulager des maux dont il se plaignait.

Sœur de :

Arès, Héphaïstos et de bien d'autres.

Épouse de :

personne.
Athéna ne voulut jamais se marier et resta vierge.

Profession :

déesse de la Sagesse, de la Guerre juste, des Sciences et des Arts.

Adresse : l'Olympe.

Animaux : la chouette et le dragon.

Arbre : l'olivier.

Sanctuaire :
le plus célèbre est à Athènes.

Équivalent latin : Minerve.

Cette fille de Zeus aime la forêt et la chasse. Connais-tu son frère jumeau ? A-t-elle beaucoup de points communs avec lui ?

ARTÉMIS

Née de :
Zeus et Léto.

Sœur jumelle de :
Apollon.

Épouse de :
personne.
Elle ne voulut jamais se marier.

Profession :
déesse de la Chasse, des Bois et de la Lune.

Adresse :
les bois et les forêts.

Animaux :
la biche et le sanglier.

Personnalité :
goût affirmé pour la chasse.

Sanctuaire :
le plus célèbre est celui d'Éphèse.

Jour consacré :
lundi.

Équivalent latin :
Diane, déesse de la Lune.

Portrait

Fière et hautaine en habits de chasse. Ses jambes et ses pieds sont nus. Ses cheveux sont noués par-derrière et son front est surmonté d'un croissant, symbole de la Lune.

Signes particuliers

Porte différents noms en fonction des lieux qu'elle fréquente (comme son jumeau Apollon) :
• la nuit Séléné (la Lune) ;
• sur la Terre, Artémis ;
• aux Enfers, Hécate.
Possède un cortège de nymphes, les soixante Océanies, et les vingt Asies.

Documentation

III

Les rites de l'hospitalité

Chez les Grecs, le devoir de l'hospitalité était sacré. C'était se montrer pieux que de l'accorder.

Le suppliant qui se présentait dans une maison et demandait à être reçu était considéré comme envoyé par un dieu ou un dieu lui-même ayant pris une apparence humaine.

Le cérémonial était toujours le même :

— Le suppliant adresse une prière à son hôte à genoux.

— Si l'hospitalité est accordée, on commence par laver, habiller ou couvrir celui que l'on reçoit.

— Puis on lui offre de quoi se restaurer (nourriture et boisson) et un lieu où se reposer.

— Éventuellement, on organise une fête en sa faveur si l'on est riche.

— Enfin, on lui offre des présents.

— On ne lui demande qui il est et d'où il vient que plus tard.

—IV—

Le Cyclope

L ORSQUE l'aube aux doigts de rose parut, Alkinoos se rendit avec Ulysse à l'agora afin de le présenter à son peuple. Tous admirèrent la force et la beauté du sage Ulysse.

— Nobles Phéaciens, j'ai fait préparer un grand festin en l'honneur de notre hôte. Je vous y convie dans mon palais. Que l'aède Démodocos se joigne à nous et nous charme de son divin chant.

À la fin du repas, l'aède aveugle entonna, accompagné de sa cithare, un chant relatant la querelle d'Ulysse et d'Achille pendant le siège de Troie. À cette évocation, Ulysse ne put retenir des larmes qu'il s'efforça de cacher. Mais Alkinoos, en voyant son chagrin, fit taire le musicien et ordonna que commencent les jeux. Se succédèrent les coureurs fougueux comme des coursiers, puis les lutteurs et les lanceurs de disque. Aux épreuves du saut fit suite la boxe.

Alors Laodamas, le fils d'Alkinoos, défia Ulysse :

— Tu es fait comme un athlète. Connais-tu nos sports ? Ne veux-tu pas t'y essayer ?

— Je n'ai pas le cœur à concourir car j'ai hâte de partir.

— Ton refus signifierait-il que tu n'es qu'un marchand et que tu ignores la noblesse des jeux ?

Ces mots blessèrent Ulysse qui se leva promptement pour montrer ce dont il était capable. Se saisissant du disque le plus lourd, il l'envoya sans peine au-delà de tous ceux qui avaient été lancés auparavant par les athlètes phéaciens.

— Je suis prêt à me mesurer à vous dans toutes les épreuves. Mais sachez que c'est à l'arc que j'excelle.

Aucun athlète n'osa relever le défi.

On retourna enfin au palais afin qu'Ulysse découvrît les présents que les plus nobles Phéaciens lui avaient offerts. L'aède chanta alors la prise de Troie, racontant comment, sous le conseil d'Ulysse aux mille ruses, les Grecs avaient construit un grand cheval de bois et comment, par ce stratagème, ils avaient réussi à pénétrer dans la citadelle. Une fois encore, Ulysse pleura.

Alkinoos alors lui demanda :

— Étranger, pourquoi es-tu si ému par ce récit ? Révèle-nous maintenant ton nom, ton pays afin que nous puissions t'y conduire. Conte-nous ta triste histoire.

— Par où commencer ? Je suis Ulysse dont on chante les ruses, le fils de Laerte. Mon pays, c'est Ithaque, île de roches qui nourrit de jeunes hommes robustes. Nulle contrée n'est, à mes yeux, plus douce. Je vais maintenant vous raconter tous les maux que j'ai endurés depuis mon départ de Troie…

« D'abord nous abordâmes à Ismaros, au pays des Kikones. Un combat eut lieu dont nous sortîmes vainqueurs. Mes hommes, au lieu de regagner les vaisseaux, s'attardèrent pour fêter la victoire. Des renforts ennemis arrivèrent, tuant six d'entre eux. Nous regagnâmes alors en hâte nos navires, contents d'avoir évité la mort mais pleurant nos compagnons perdus.

Nous reprîmes la mer mais Zeus nous envoya une terrible tempête qui brisa nos mâts et déchira nos voiles. À grands efforts de rames, nous gagnâmes la terre la plus proche. Deux jours durant, la tempête fit rage et à l'aube du troisième nous embarquâmes. Nous arrivions à Cythère lorsqu'à nouveau une houle contraire nous poussa vers le large. Pendant neuf jours, nous dérivâmes au gré des vents mauvais. Le dixième jour, nous abordâmes au pays des Lotophages.

Après nous être restaurés et avoir fait provision d'eau douce, j'envoyai trois éclaireurs reconnaître les lieux. Hélas ! ils rencontrèrent les habitants de cette terre qui, loin de les combattre, leur offrirent le fruit exquis dont ils se nourrissent, le lotos. À peine l'avaient-ils goûté qu'ils ne voulaient plus rentrer, oublieux du retour. C'est de force que j'ai dû les ramener aux navires où je les attachai. On embarqua aussitôt de peur que le reste de l'équipage ne succombât au charme de ce fruit qui dispense l'oubli.

De là, nous arrivâmes au pays des Cyclopes, ces brutes sans lois qui accordent aux dieux tant de confiance qu'ils ne cultivent rien de leurs mains. Ils n'ont point d'assemblée qui légifère et vivent dans des cavernes où chacun élève sa famille comme il l'entend. En face de la terre des Cyclopes, se dresse une île sauvage, l'île aux Chèvres, où paissent des troupeaux de chèvres sans pasteur. Jamais les Cyclopes ne s'y rendent car ils n'ont pas de navire.

C'est dans l'une des anses de cette île giboyeuse que nous arrivâmes à la nuit tombée. Nous dormîmes sur la grève. Le matin suivant, nous nous livrâmes à une chasse fructueuse. Le soir, ce fut un vrai festin : viandes et vin à foison ! Lorsque l'aube divine parut, je dis :

— Le gros de l'équipage restera ici. Moi, à bord de mon vaisseau, j'irai en reconnaissance sur l'île voisine. Je veux savoir qui sont les hommes de ce pays, gens sauvages, sans cœur, ou hôtes accueillants qui respectent les dieux.

Nous montâmes à bord, larguâmes les amarres et chacun à sa place s'assit sur les bancs, frappant de sa rame la mer blanche d'écume.

Nous atteignîmes rapidement l'île car elle était toute proche. Je débarquai, ordonnant à mon équipage de garder le bateau tandis que j'explorerai la caverne avec douze de mes compagnons les plus braves. Devant la grotte, on avait aménagé un enclos. À l'intérieur, nous découvrîmes des claies chargées de fromages, des étables où se pressaient agnelets et chevreaux, et enfin tout le matériel nécessaire à la traite des bêtes. Mes compagnons me pressèrent aussitôt d'emporter ce butin sans attendre le retour du maître de ces lieux. Je refusai, voulant le voir, curieux de le connaître.

Le voici qui arriva ! Haut comme une montagne boisée, avec un œil unique au milieu du front, il n'avait rien d'un humain, d'un mangeur de pain. Les bras chargés de bois mort, il franchit le seuil et jeta sa brassée sur le sol avec une telle force que le bruit nous fit fuir au fond de la caverne. Puis il ferma l'entrée avec une pierre si grosse que vingt-deux chars n'auraient pu la déplacer. Ranimant le feu, il nous vit et nous demanda aussitôt :

— Quel est votre nom, étrangers ? D'où venez-vous ? N'êtes-vous pas des pillards qui sillonnez les mers ?

Notre cœur se brisa de terreur au son de cette voix inhospitalière et à la vue de la taille de ce monstre. Je lui dis :

— Nous sommes des Grecs qui revenons de la guerre de Troie. Zeus nous a égarés sur la mer. Nous nous agenouillons devant toi et implorons ton hospitalité. Envoyés

« Quel est votre nom, étrangers ? D'où venez-vous ?
N'êtes-vous pas des pillards... ? »

par Zeus, nous sommes ses suppliants. Ne le contrarie pas. Honore-nous de ton hospitalité sinon crains son châtiment.

Mais impitoyable, il me répondit :

— Es-tu stupide, étranger, ou bien ignorant ? Nous autres Cyclopes, nous ne craignons ni les dieux ni Zeus qui porte l'égide. Je ne t'épargnerai que s'il me plaît. Mais dis-moi, où donc est ton navire ? À la pointe de l'île ou bien plus près d'ici ?

Il voulait m'éprouver. Rusé, j'inventai cette histoire :

— C'est Poséidon qui l'a brisé lors d'une tempête. Mes compagnons et moi-même sommes les seuls rescapés du naufrage.

Insensible et sans une parole, le Cyclope se jeta sur deux de mes hommes qu'il attrapa d'une seule main, les écrasant ensuite par terre comme de petits chiens. Leur tête se fracassa et leur cervelle se répandit sur le sol. Puis, arrachant leurs membres un à un, sans rien laisser, il dévora tout tel un lion : entrailles, muscles, moelle, os. Horrifiés, nous implorions Zeus. Une fois repu de chair humaine et gavé de lait, il se coucha parmi les bêtes.

Je pensai en moi-même : « Faut-il le transpercer de mon épée ? »

Mais je renonçai à cette idée car comment aurions-nous pu déplacer, seuls, le roc qui obstruait l'entrée ? En nous morfondant, nous attendîmes l'aube aux doigts de rose.

Au matin, comme la veille, le Cyclope s'occupa à traire ses brebis et ses chèvres. Ce travail achevé, il déjeuna encore de deux de mes hommes. Puis déplaçant la pierre, il fit sortir son troupeau pour le mener paître. Il n'oublia pas de la replacer derrière lui.

Aussitôt, j'imaginai une vengeance. Nous avions remarqué

en arrivant le tronc d'un olivier bien vert qui servait tout bonnement de massue au Cyclope. Pour nous, c'était là le mât d'un gros navire. Je m'en saisis, décidé à l'enfoncer dans l'œil du Cyclope quand il s'endormirait. Je le durcis en le passant au feu et le cachai soigneusement dans le fumier. Cinq d'entre nous furent tirés au sort pour accomplir ce projet.

Le soir venu, il rentra à nouveau le troupeau, procéda à la traite et dévora deux de mes compagnons pour son souper. Je m'approchai alors en lui tendant une auge emplie de mon vin.

— Cyclope, arrose ton repas de ce vin. Je voulais te l'offrir pour que tu nous libères mais je ne vois en toi aucune pitié.

S'emparant du vin, il le but et en fut si heureux qu'il en redemanda.

— Verse m'en encore. Sois gentil et dis-moi qui tu es car je voudrais te faire un cadeau qui te réjouira.

Trois fois il reprit du vin, l'avalant d'un seul trait et, lorsque je le vis ivre, je repris la parole :

— Je me nomme Personne. C'est ainsi que tous m'appellent.

— Eh bien ! je mangerai Personne après vous tous. Voilà le présent que je te fais, dit le Cyclope en s'écroulant sur le sol, endormi.

Dans son sommeil, il vomissait des jets de chair et, de vin fermenté. Sans perdre un instant, je réchauffai le pieu et, de la voix, j'encourageai mes hommes de peur qu'ils ne faiblissent. Quand la pointe fut incandescente, je me saisis du pieu et, en courant, entouré de mes gens animés d'une nouvelle audace, je le plantai dans l'œil unique du Cyclope. Je pesai de tout mon poids sur le bâton que nous tournions ensemble dans son œil. À gros bouillons, le sang giclait, faisant siffler le pieu ardent. Des vapeurs remontaient de sa prunelle en feu.

Il rugit comme un fauve. Son cri terrible emplit la grotte et, épouvantés, nous courûmes nous cacher. De son œil, il arracha le pieu dégoulinant de sang. En même temps, et de tous ses poumons, il appelait ses voisins à l'aide. Nous les entendîmes bientôt accourir afin de le secourir.

— Que se passe-t-il, Polyphème ? Est-ce qu'on te dérobe ton troupeau ? Cherche-t-on à te tuer ? Réponds-nous !

— C'est Personne qui me tue !

— Personne ? Alors prends ton mal en patience car nous n'y pouvons rien, lui répondirent-ils en s'éloignant.

Je riais de ma ruse. Ce nom de Personne les avait trompés. En geignant de douleur et à tâtons, le Cyclope déplaça la roche qui lui servait de porte. Il s'assit sur le seuil, les deux bras étendus, craignant que nous ne nous mêlions aux bêtes qui se pressaient pour sortir.

Il me fallait une fois encore user de ruse : notre vie était en jeu. Voici ce que je décidai. Nous nous échapperions cachés sous les animaux. J'attachai les mâles par trois. Ainsi chacun de mes hommes s'accrocherait sous celui du milieu sans crainte d'être découvert par Polyphème. Cette tâche achevée, il me restait le plus fort des béliers. Je m'agrippai à son épaisse toison et me coulai sous son ventre. Au fur et à mesure que les bêtes sortaient, le Cyclope tâtait leur belle laine. Pauvre de lui ! Il ne s'aperçut de rien.

Dès que nous nous fûmes éloignés de la grotte, je lâchai mon bélier et détachai mes compagnons. Poussant devant nous quelques-unes des bêtes les plus grasses, nous courûmes jusqu'au navire où nos compagnons inquiets nous attendaient. Les brebis embarquées, nous montâmes à bord, contents d'avoir évité la mort mais pleurant nos compagnons perdus. Chacun s'assit à sa place sur les bancs, frappant de sa rame la mer blanche d'écume. Une fois loin du rivage, je criai ces mots au Cyclope :

— Polyphème, tu as osé dévorer des suppliants de Zeus dans ton logis. Te voilà châtié par les dieux ! Sache que celui qui a servi leurs mains se nomme Ulysse, le dévastateur de citadelles, le roi d'Ithaque !

En entendant ma voix, le Cyclope s'approcha du bord de la falaise. Il dit :

— Ainsi donc se réalise la prophétie de notre vieux devin Télémos ! Mais alors que j'attendais un mortel d'une force exceptionnelle, c'est un nain qui m'a enivré afin de me crever l'œil ! Ô mon père, Poséidon à la chevelure bleue, punis cet Ulysse ! Empêche-le de rentrer chez lui. Ou s'il y parvient, que ce soit seul, privé de ses compagnons, à bord d'un navire étranger et qu'il trouve le malheur dans sa demeure !

Sur ces mots, Polyphème, fou de rage, arracha à la montagne un énorme bloc de pierre qui vint en tournoyant raser la poupe de notre vaisseau, manquant nous écraser.

De retour à l'île aux chèvres, nous trouvâmes le reste de l'équipage qui désespérait de nous revoir jamais. Nous nous partageâmes équitablement le troupeau et sacrifiâmes sur la grève un agneau au dieu des Nuées sombres. Mais Zeus le dédaigna. Durant tout le jour et jusqu'au soir, nous festoyâmes : vin et viandes grillées à foison. La nuit venue, nous nous étendîmes sur la plage pour dormir. ▶▶

Jeux

IV

Le Cyclope

1 Qui sommes-nous ?

Trouve à quels personnages ces vers font allusion.

A — Nous recevons Ulysse
Et tous ses compagnons.
Aussitôt nous les gavons
D'un fruit divin, exquis,
Qui leur donne l'oubli.

Devine notre nom :..

B — Sur une île, nous vivons.
Fils du grand Poséidon,
Les lois divines méconnaissons.
Aucun dieu nous ne craignons.

Qui sommes-nous donc ?...

2 À compléter

Vocabulaire

Tu sais sans doute que les homonymes sont des mots que l'on prononce de la même manière mais qui s'écrivent différemment et ne signifient pas la même chose.

Un exemple d'homonymie :
- un *vers* de poésie,
- se diriger *vers*,
- un *ver* de terre,
- un *verre* d'eau,
- un fruit *vert*.

Voici une liste d'homonymes. Selon la phrase, choisis le mot de la liste qui convient.

Liste : Sceaux – sot – sceau – seau – saut

1 - Ulysse parvient à tromper ce .... de Cyclope grâce à une ruse habile.

2 - Dieu merci, il n'y a pas de Cyclope dans la ville de ....

3 - Parmi les jeux organisés par Alkinoos, il y a l'épreuve du ....

4 - Le Cyclope recueille le lait de ses chèvres dans un ....

5 - Jadis, on cachetait ses lettres avec de la cire sur laquelle on apposait son ....

3 Histoire de bêtes

Ces familles d'animaux ont été mélangées. Sauras-tu les recomposer puis leur attribuer leur gardien ?

Animaux : agneau – jument – veau – bélier – poulain – chevreau – bouc – porcelet – brebis – vache – chèvre – étalon – truie – taureau – verrat.

Gardiens : porcher – bouvier – chevrier – berger – gardian.

Mâles	Femelles	Petits	Gardiens
....	....	....	....
....	....	....	....
....	....	....	....
....	....	....	....
....	....	....	....

Pourquoi Ulysse — qui est un marin expérimenté — craint-il le dieu Poséidon, le frère de Zeus ? Le sais-tu ?

Fiche d'identité

Poséidon

Portrait

Est souvent représenté nu.
Longue barbe.
Tient à la main un trident.
Char tiré par
des chevaux marins
ou des dauphins.

Signes particuliers

Querelleur. Est craint autant
des hommes que
des divinités à cause de
son impétuosité et
de sa force. Métamorphoses
fréquentes lors de
ses aventures galantes
(taureau, fleuve,
bélier, cheval, oiseau...).

Né de :
Cronos et Rhéa.

Frère de :
Zeus, Hadès, Héra...

Époux de :
Amphitrite.

Père :
de Triton, des Nymphes marines et des Cyclopes...
Nombreux enfants illégitimes, dont Pégase qu'il eut avec Méduse.

Profession :
dieu de la Mer, des Îles et des Rivages.

Adresse :
possède un palais au fond des mers mais se rend souvent sur l'Olympe.

Animal :
le cheval.

Équivalent latin :
Neptune.

Homère et l'Odyssée

Odyssée signifie « histoire d'Ulysse » car Ulysse en grec se dit *Odysseus*. Le nom Ulysse nous vient du latin.

L'adaptation que tu es en train de lire est tirée d'une épopée grecque intitulée *L'Odyssée*, composée de vingt-quatre chants (12 109 vers précisément !) et attribuée, comme *L'Iliade*, à Homère (une épopée est un long poème relatant les aventures de héros). Ce long poème était récité par cœur par des conteurs dont c'était le métier. On les appelait des « aèdes ». Ils allaient de ville en ville, racontant les aventures de l'Odyssée.

L'épisode de la guerre de Troie est historique. Elle aurait eu lieu douze siècles avant notre ère. On se serait transmis le souvenir de cette guerre en se la racontant de bouche à oreille, en la déformant tellement qu'elle serait devenue légendaire, épique.

À l'origine, *L'Odyssée* n'était pas écrite. Chaque aède connaissait le plan de l'histoire mais la racontait à sa façon. Il soulageait sa mémoire en reprenant des formules toutes faites ; par exemple, quand commence une nouvelle journée, tu retrouves la formule rituelle : « Quand parut l'aube aux doigts de rose... »

Quant à Homère, c'était un aède qui vécut au IX siècle avant notre ère. On dit qu'il est l'auteur de *L'Odyssée*. En fait, comme les autres aèdes avant lui, il a raconté *L'Odyssée* mais dans un style tellement précis qu'on a décidé de ne plus rien changer à sa version. Celle-ci a été couchée par écrit au VI siècle avant notre ère.

V

Circé
la magicienne

« **L**E LENDEMAIN, nous montâmes à bord et chacun à sa place s'assit sur son banc, frappant de sa rame la mer blanche d'écume. Nous voguâmes ainsi jusqu'à l'île d'Éolie. C'est là que vivent Éole et ses douze enfants. Nous restâmes là un mois durant car il me fallut tout raconter à Éole de notre expédition contre Troie. Sa curiosité étant satisfaite, il nous laissa repartir.

Au moment du départ, il me remit une outre en peau dans laquelle il avait soigneusement enfermé tous les vents qui causent les tempêtes et font échouer les malheureux navires. Au bout de neuf jours et de neuf nuits, nous apparut enfin, au loin, notre chère Ithaque. J'étais épuisé car, tout ce temps, j'avais tenu le gouvernail, tant j'avais hâte de retrouver ma patrie. C'est alors que je m'endormis.

Mes compagnons s'approchèrent alors de l'outre. Ils croyaient qu'Éole l'avait emplie d'un riche butin que je gardais jalousement pour moi seul. Quoi, moi, Ulysse, j'allais revenir au pays chargé d'or et eux rentreraient dans leur logis les mains vides ? Ils délièrent alors bien vite le nœud qui fermait l'outre.

Aussitôt, les vents prisonniers s'en échappèrent avec fureur, refoulant notre navire très loin de notre chère île. Sous la violence des rafales, je me réveillai. Mes compagnons autour de moi se désespéraient. Quand je compris ce qui s'était passé, il me vint l'envie de me jeter dans les flots mais, plus sagement, je m'allongeai et restai ainsi jusqu'à ce que les vents nous ramènent sur les rivages de l'île d'Éolie.

Quand je me présentai pour la seconde fois devant Éole et le priai de m'aider, il me chassa avec ces paroles :

— Va-t-en ! Tu dois être maudit par les dieux pour qu'ils ne te permettent pas de rentrer chez toi malgré l'aide que je t'ai apportée. Hors d'ici ! Que je ne te revoie jamais !

Tristes et las, nous repartîmes. Qui nous prendrait sous sa protection désormais ?

Six jours durant nous voguâmes et au septième nous abordâmes l'île des Lestrygons. Son port est bien connu des marins à cause des falaises à pic qu'il faut longer pour l'aborder. Tandis que ma flotte s'engageait dans ce chenal où ne soufflait pas le moindre vent et où régnait un silence de mort, j'amarrai mon bateau dans une crique. Là aussi, aucune voix humaine, aucun cri animal, seulement une fumée au loin. Afin de savoir qui vivait sur cette terre, j'envoyai trois de mes hommes reconnaître les lieux.

Près du bourg qu'ils atteignirent coulait une source. Et quelle fut la première personne qu'ils aperçurent ? Une jeune géante qui puisait là de l'eau ! Sans trop de crainte, ils l'abordèrent, la questionnèrent. Son père se nommait Antipathès, le roi des Lestrygons. D'ici, ils apercevaient les toits de sa haute demeure où elle allait les conduire.

Mais à peine avaient-ils atteint l'agora que la mère de la jeune géante appela son époux. Le roi Antipathès arriva et, sans plus de façon, se jeta sur l'un de mes compagnons qu'il dévora aussitôt. Les deux autres s'enfuirent pour regagner au plus vite nos vaisseaux. Mais pendant ce temps, Antipathès donna l'alarme. Ce furent des milliers de Lestrygons qui accoururent. Du haut des falaises, certains projetèrent d'énormes blocs de rochers qui fracassèrent hommes et navires tandis que d'autres harponnèrent les survivants comme de vulgaires poissons dont ils firent leur sinistre repas.

Sans plus attendre, de mon épée je tranchai le câble qui retenait mon navire et j'exhortai, de la voix et du geste, mes hommes à ramer de toutes leurs forces. Voyant la mort de tous côtés, ils frappèrent la mer qui jaillit en écume sous la violence de leurs coups.

Après de furieux efforts, nous atteignîmes enfin le large, très affligés d'avoir laissé tant de nos chers compagnons, là-bas entre les deux falaises !

Nous poursuivîmes néanmoins notre route, contents d'avoir évité la mort, mais pleurant nos compagnons perdus.

C'est alors que nous arrivâmes à l'île d'Aiaié. Là demeurait Circé, la déesse qui a voix humaine mais nourrit de terribles pensées, la déesse aux belles boucles.

Sans bruit nous mouillâmes dans une anse, conduits par un dieu. Nous débarquâmes et, épuisés autant par la fatigue que par le chagrin, nous restâmes couchés là deux jours et deux nuits. À l'aube du troisième, je montai sur un lieu élevé afin de voir si des hommes mangeurs de pain vivaient dans ce pays. Je ne vis qu'une fumée au loin. Était-il sage d'aller seul jusque là-bas ? Je préférai regagner le navire. Par chance, un dieu plaça sur ma route un magnifique cerf que je tuai aussitôt de ma lance. J'attachai ses quatre pattes à l'aide d'un rameau flexible et, chargé de ce lourd fardeau, je regagnai mon vaisseau. La vue du cerf et la perspective d'un festin rendit mes compagnons joyeux. On festoya ainsi tout le jour et, quand la nuit tomba, on s'allongea sur la grève pour dormir.

Quand parut l'aube aux doigts de rose, je convoquai mes compagnons :

— Amis ! de notre navire, nous ne pouvons rien voir de ce pays. C'est pourquoi je suis allé sur une hauteur. La terre où nous sommes est une île. J'ai vu une fumée s'échapper du milieu d'une forêt.

À ces mots, mes compagnons sentirent leur cœur se briser car ils se souvenaient des Lestrygons et du Cyclope qui avaient dévoré nos camarades. Je constituai deux groupes, l'un commandé par Euryloque au grand cœur, et l'autre par moi. On plaça les sorts dans un casque qu'on secoua. Celui d'Euryloque sortit. Il partit donc, accompagné de vingt-deux hommes.

Ils ne tardèrent pas à atteindre la demeure de Circé, nichée dans un petit vallon. Mais quelle ne fut pas leur frayeur de voir rôder autour des lions et des loups ! Terrifiés, ils restèrent sans mouvement tandis qu'à leur vue les sauvages animaux s'approchèrent d'eux. Au lieu de les attaquer, ils remuèrent la queue, se pressèrent contre eux, leur firent la fête comme des chiens heureux du retour de leur maître.

Rassurés, mes compagnons allèrent plus avant. C'est alors qu'une merveilleuse voix retentit, celle de Circé, la déesse aux belles boucles. Elle chantait tout en tissant.

— Appelons afin de faire savoir que nous sommes là, proposa mon cher Politès.

Aussitôt dit, aussitôt fait. Circé, poussant les brillantes portes de son logis, apparut bientôt et les convia fort civilement à entrer. Les fous, ils acceptèrent ! Seul, Euryloque, craignant un piège, resta en retrait. À l'intérieur, Circé leur proposa de s'asseoir, puis leur offrit du fromage, de la farine et du miel.

Mais à leur insu, Circé la magicienne y avait mêlé une drogue. À peine eurent-ils touché à cette nourriture qu'elle les frappa de sa baguette. Les voilà métamorphosés en porcs et bien vite enfermés dans la porcherie. Les malheureux pleuraient car, quoique d'un porc ils eussent la tête, le corps, la voix, leur esprit était le même qu'autrefois. Dorénavant, pour toute nourriture, la déesse ne leur proposa que des glands !

À ce spectacle, Euryloque prit la fuite. Quand il nous retrouva, il était si bouleversé qu'il ne pouvait même plus émettre une parole. Nous le voyions les yeux pleins de larmes sans qu'il pût nous en donner la raison. Quand, enfin, il réussit à tout nous raconter, à la fin de son explication, je pris mon lourd glaive en bronze et lui demandai de m'indiquer le chemin.

— Ulysse, je ne peux t'accompagner. N'y va pas, je t'en conjure ! Tu vas connaître le même sort que ceux que j'ai laissés là-bas.

— Reste près de notre navire si tu veux. Mon devoir, à moi, est d'aller porter secours à mes compagnons.

Sur ces mots, je partis. J'allais atteindre la demeure de l'empoisonneuse Circé quand je vis, là, devant moi, Hermès à la baguette d'or. Il avait pris l'apparence d'un jeune homme.

— Tu crois, malheureux, pouvoir délivrer tes camarades transformés en porcs ? Tu ne le pourras pas seul et tu te retrouveras enfermé comme eux. Mais je vais t'aider. Tiens, prends cette herbe. Grâce à elle, Circé ne pourra rien contre toi. Écoute bien, je vais maintenant te dire comment il faudra te comporter avec elle.

Après m'avoir mis en garde, Hermès disparut. Moi, je

« À peine eurent-ils touché à cette nourriture,
qu'elle les frappa de sa baguette. »

gagnai le logis de Circé. Comme mes compagnons, je l'appelai. Elle apparut sur le seuil, m'invita, me proposa une belle coupe d'or dans laquelle la perfide avait préparé sa drogue. Je la pris, la vidai d'un trait. Aussitôt, en me frappant de sa baguette, elle m'ordonna :

— Va dans la porcherie te vautrer avec tes semblables !

Mais grâce à l'herbe remise par Hermès, son breuvage resta sans effet sur moi. Comme me l'avait recommandé le dieu à la baguette d'or, je tirai mon glaive, me jetai sur elle comme pour la tuer. Elle hurla et tomba à mes genoux :

— Qui es-tu donc pour ne pas être ensorcelé par mon breuvage ? Nul n'a jusqu'ici pu y résister ! Ne serais-tu pas Ulysse aux mille ruses dont Hermès m'avait annoncé la venue ? Range ton épée dans ton fourreau et viens dans mon lit t'unir à moi sans plus de crainte.

— Comment ne pas te craindre, toi qui as métamorphosé mes hommes en pourceaux ? Ne me proposes-tu pas de m'allonger nu auprès de toi afin de me priver de mon arme et de ma virilité ? Je ne le ferai que si tu me jures par le Styx que ce n'est pas un piège.

Circé jura et je montai sur son lit somptueux. Quatre servantes entrèrent : l'une recouvrit les sièges de beaux draps de pourpre ; la deuxième plaça des corbeilles d'or sur les tables tandis que la troisième s'occupait à mêler dans le cratère le vin doux au goût de miel puis disposait sur les tables les coupes pour chacun. La dernière ranima le feu, versa de l'eau dans une bassine de bronze posée sur un trépied qu'elle mit à chauffer. Quand tout fut prêt, on me baigna, me parfuma d'huile fine, me revêtit d'un beau vêtement. Circé m'invita alors à boire et à manger mais je ne le pus, tant mon cœur était triste et affecté. Circé m'interrogea :

— Pourquoi refuses-tu de manger et de boire ? Crains-tu quelque piège de ma part ? Pourtant n'ai-je pas juré comme tu me le demandais ?

— Je ne peux manger alors que mes compagnons ne sont pas délivrés.

Aussitôt, Circé quitta la salle pour se rendre dans la porcherie. Elle en fit sortir mes hommes, forts comme des porcs de neuf ans. Elle s'approcha de chacun d'eux, les frotta avec une drogue l'un après l'autre. À tour de rôle, ils redevinrent les hommes qu'ils avaient été, mais encore plus jeunes et plus beaux qu'auparavant ! Quelle joie nous éprouvâmes de nous retrouver tous !

— Ulysse, me dit alors Circé, retourne sur la plage. Tire à sec ton vaisseau. Dans une grotte, cache les agrès et tous vos biens. Après, reviens dans ma demeure avec tout ton équipage.

Je fis ainsi qu'elle me le demandait et retournai seul sur la plage.

Les heures, les jours, les semaines s'écoulèrent. Nous étions chez Circé depuis un an déjà lorsque mes compagnons me pressèrent de rentrer. Ils voulaient retrouver le pays de leurs pères. Alors, quand toutes les étoiles furent au ciel, je suppliai ainsi la déesse aux belles boucles :

— Circé, tiens ta promesse. Permets que je rentre en ma demeure.

— Soit ! Pars si tu ne te plais plus ici. Mais auparavant, tu dois te rendre aux Enfers, chez Hadès et chez Perséphone, sa terrible épouse, pour consulter le devin Tirésias sur le destin qui t'attend. »»

Jeux

V

Circé la magicienne

⊟ 1 Charades

De qui ou de quoi s'agit-il ?

A — Avec mon premier, je tiens mon chien.
Mon deuxième est un préfixe signifiant trois.
Quand je suis en colère, je sors de mon troisième.
Les compagnons d'Ulysse n'ont pas eu de chance avec mon tout.

Réponse : ....

B — Mon premier est la troisième jambe des vieillards.
Les oiseaux reviennent toujours dans mon deuxième.
J'attrape mon troisième à la main ou au pied.
On peut qualifier les Lestrygons de mon tout.

Réponse : ....

⊟ 2 Rébus

À l'aide de ces trois images, peux-tu trouver le nom de l'île ?

Réponse : ....

3 Test de lecture

As-tu lu attentivement ce chapitre ? Pour le savoir, coche les bonnes réponses.

A — La première île où aborde Ulysse est l'île de :

a Oélie　　b Éolie　　c Éiole

B — Après avoir quitté le dieu des Vents, Ulysse aperçoit Ithaque au bout de :

a neuf jours　　b sept jours　　c six jours

C — Le nom du roi des Lestrygons s'écrit :

a Antipathès　　b Anthipatès　　c Antiphatès

D — Le groupe partant en reconnaissance dans l'île de Circé est commandé par :

a Euryloque　　b Politès　　c Ulysse

E — Circé transforme les compagnons d'Ulysse en :

a lions　　b loups　　c porcs

F — Ulysse échappe au sort que lui jette Circé grâce à l'aide de :

a Éole　　b Hermès　　c Artémis

G — Ulysse reste chez Circé durant :

a douze mois　　b un mois　　c un an

H — Circé annonce à Ulysse qu'avant de la quitter il doit aller chez :

a Hermès　　b Hadès　　c Héraklès

4 À compléter

Le roi des Lestrygons n'est vraiment pas sympathique ! Il déteste les étrangers. Il existe un mot savant, composé de deux racines grecques, signifiant cela. Il s'agit du mot *xénophobe*. Le préfixe *xéno-* veut dire « étranger » et le suffixe *phobe* « haine ou peur maladive ». Est donc **xénophobe** celui qui éprouve de la haine pour les étrangers.

Joue maintenant avec des racines grecques. En ajoutant aux racines ci-dessous le suffixe *-phobe*, tu obtiendras des mots savants.

Liste de racines d'origine grecque ou latine :

- *hydr(o)-* : eau
- *claustr(o)-* : clôture
- *agor(o)-* : place publique
- *angl(o)-* : anglais

1 - Celui qui a une peur maladive de l'eau est ....

2 - Celui qui a une crainte maladive des vastes espaces et des foules est ....

3 - Celui qui a une peur maladive d'être enfermé est ....

4 - Celui qui n'aime pas les Anglais est ....

Jurer sur le Styx

La nymphe Styx vint en aide, la première, à Zeus dans sa lutte contre les Titans.

Pour la remercier, le roi des dieux établit que, lorsque les divinités juraient sur son nom, leur serment était irrévocable, c'est-à-dire que les dieux ne pouvaient pas revenir sur leur parole ; ils devaient accomplir ce qu'ils avaient promis.

Éole

Les Vents sont les enfants du Ciel et de la Terre. Ils séjournent dans les grottes profondes des îles Éoliennes où ils sont retenus prisonniers nuit et jour.

Zeus s'en méfie tellement qu'il a placé au-dessus de leur prison d'énormes montagnes. Pourquoi ? Parce que les Vents sont redoutables, qu'ils rugissent sans cesse dans leur geôle. Ils n'ont qu'une idée : s'échapper afin de tout dévaster (la terre, la mer et même le ciel, séjour des dieux immortels). Même si Éole est le dieu des Vents, il ne peut les laisser sortir qu'avec l'accord de Zeus. Il a donc commis une grande imprudence en les remettant à Ulysse sans consulter le souverain des dieux.

Pour amadouer les Vents, terribles puissances pour ce peuple de marins, les Grecs leur offraient des sacrifices.

Les principaux vents

Ils sont au nombre de quatre :

• **Le Borée** : c'est le vent du nord, froid et violent, que les Latins appellent « Aquilon ». On le représentait sous les traits d'un vieillard aux cheveux tout blancs et en désordre.

• **L'Euros** : c'est le vent d'est qui vient de l'Orient. On le représentait avec le teint cuivré des Asiatiques.

• **Le Notos** : c'est le vent du sud, que les Latins appellent « Auster ». Ce vent-là est chaud et amène les orages. Ce n'est pas rare de le voir représenté sous les traits d'un vieillard, les joues gonflées, le front auréolé de nuages et les vêtements trempés par la pluie ou portant un arrosoir.

• **Le Zéphyr** : c'est le vent d'ouest. Les Grecs l'appréciaient beaucoup car il apportait quelque fraîcheur pendant l'été brûlant qui sévissait dans leur pays. Il rend vie à la nature desséchée. On le représentait avec des ailes de papillon. Léger, il vole, tenant à la main une corbeille de fleurs.

VI

Le royaume des Morts

« **Q**UAND Circé m'apprit qu'il me fallait descendre aux Enfers, je fus désespéré. Je ne voulais plus vivre tant cette entreprise me paraissait périlleuse.

— Jamais un navire n'a pu se rendre là-bas, Circé !

— Ne sois pas inquiet, Ulysse. Déploie tes voiles blanches et laisse-toi porter par le Borée jusqu'aux extrémités de l'océan. Je vais maintenant t'indiquer les actions qu'il te faudra accomplir pour rencontrer le devin Tirésias.

Quand elle eut terminé parut l'aube aux doigts de rose. Je la quittai pour retrouver mes compagnons encore endormis. Je les réveillai avec ménagement. Ils crurent que nous partions enfin pour Ithaque. Je dus les détromper et leur annoncer notre voyage au pays des Morts. Ce furent aussitôt des gémissements, des sanglots, des supplications ; rien n'y fit. Nous nous mîmes néanmoins en route. Il soufflait un vent tel que nous n'avions qu'à nous laisser mener.

Arrivés au-delà de l'Océan, nous échouâmes notre navire dans un pays enveloppé d'une brume que jamais les rayons du soleil ne réussissent à traverser. À l'endroit que Circé m'avait indiqué, avec mon glaive, je creusai un fossé d'une coudée. Tout autour, j'offris les libations aux Morts : l'une de lait miellé, l'autre de vin doux et la dernière d'eau claire. Ensuite, je versai de la farine blanche tout en invoquant les Morts : je leur fis la promesse, une fois de retour à Ithaque, de leur sacrifier la meilleure de mes vaches et, pour Tirésias, un bélier noir. Après ces invocations au peuple des Morts, j'égorgeai les animaux que nous avait donnés Circé. Leur sang coula dans la fosse.

C'est alors que surgit la foule des Morts. Ils accoururent, se pressèrent en hurlant afin de boire le sang. Malgré la peur qui m'étreignit, il me fallut les repousser avec la pointe de mon épée car Tirésias devait boire le premier, ainsi que me l'avait recommandé Circé. J'ordonnai à mes hommes de dépecer les bêtes et de les brûler en l'honneur d'Hadès, le dieu des Enfers, et de son épouse, Perséphone.

Enfin, Tirésias apparut, son sceptre d'or à la main :

— Quel fou es-tu, malheureux Ulysse ! Tu quittes le monde de la lumière pour venir voir les Morts ! Mais laisse-moi boire le sang afin que je te dise le vrai.

Il but le sang noir et me parla ainsi :

— Tu espères un doux retour, Ulysse, mais Poséidon est rancunier : il n'a pas oublié que tu as aveuglé son fils, le Cyclope Polyphème. Peut-être réussirez-vous à tous rentrer, mais ce sera alors après bien des souffrances. Et surtout, il te faudra être ferme avec toi-même et avec ton équipage quand vous arriverez sur l'île du Trident. Là paissent les troupeaux de bœufs d'Apollon qui voit tout, entend tout. Si vous n'en tuez aucun, si vous ne songez qu'au retour, alors vous regagnerez Ithaque. Mais si, malheureux, vous osez y toucher, alors disparaîtront ton vaisseau et tes hommes. Peut-être échapperas-tu à ce désastre et rentreras-tu, mais quand ? ... et dans quelle misère ! Et lorsque tu arriveras chez toi, ce sera pour découvrir que des

« Ma mère, pourquoi t'enfuir quand je veux une dernière
fois t'embrasser ? »

bandits dilapident tes richesses et courtisent ta femme pour obtenir sa main. Mais tu te vengeras d'eux.

— Voilà donc ce que les dieux me réservent ! Mais, Tirésias, je vois ma mère, là, toute proche. Elle semble ne pas me voir. Que dois-je faire pour pouvoir lui parler ?

— Tous les morts à qui tu laisseras boire le sang te parleront sans feinte.

Ma mère arriva jusqu'à la fosse, but, et, me reconnaissant, se mit à pleurer.

— Tu es vivant, mon Ulysse, et pourtant te voici au royaume des Morts ! Arrives-tu d'Ithaque ou n'as-tu pas encore revu les tiens ?

— Je suis venu ici pour consulter le devin Tirésias et je n'ai pas encore foulé notre terre. Mais toi, depuis quand et comment es-tu morte ? Et mon père, est-il encore vivant ? Et mon fils ? Ont-ils toujours mon pouvoir ou leur a-t-on enlevé, pensant que je ne reviendrais plus ? Et Pénélope, ma femme, quelles sont ses pensées, a-t-elle des projets ? Est-elle auprès de notre fils ? Prend-elle soin de mes biens ou a-t-elle épousé un autre Achéen ?

— Pénélope t'est restée fidèle de tout son cœur. Elle pleure ton absence nuit et jour. La belle île d'Ithaque n'a toujours pas de nouveau maître. Quant à ton fils, Télémaque, il s'occupe en paix de tes terres. Laerte, ton père, vit aux champs, loin de la ville. L'hiver, vêtu de misérables vêtements, il vit au logis au milieu de ses gens, couché comme eux dans les cendres près du feu. L'été et l'automne, triste, il s'en va dans les vignes où il amasse des feuilles pour se faire un lit. Son chagrin est immense, il espère tant ton retour ! Il souffre de ton absence et des maux de la vieillesse. Moi, si je suis morte, ce n'est pas à cause de la maladie. C'est parce que je regrettais ta tendresse, parce que mon cœur se faisait du souci.

À ces mots, je n'eus qu'un désir : la serrer fort dans mes bras. Trois fois, je m'élançai ; de tout mon cœur, je voulais la prendre. Trois fois entre mes mains, je ne saisis qu'une ombre, rien. Chaque fois, j'étais plus malheureux.

— Ma mère, pourquoi t'enfuir quand je veux une dernière fois t'embrasser ?

— Hélas, mon fils, tous, quand nous mourons, subissons la même loi : les nerfs ne tiennent plus, ni la chair ni les os. L'âme quitte les os blanchis et s'envole comme un songe.

Et elle me quitta. Tandis que tous deux nous parlions, des femmes s'étaient approchées, toutes reines et princesses. Je vis ainsi Alcmène, la mère d'Hercule ; Léda, la mère de Castor et Pollux ; Ariane, qui aida Thésée à sortir du labyrinthe, et tant d'autres que la nuit ne suffirait pas à toutes les nommer. **»**

— Mais il est temps maintenant d'aller dormir. Je vous le demande, nobles Phéaciens, songez que je dois retourner chez moi.

La reine Arété prit alors la parole :

— Quel hôte nous recevons là ! Beau, grand, sage ! Allons-nous refuser de lui offrir des cadeaux pour son retour ?

— Que notre hôte parte demain ! Nous aurons ainsi le temps de réunir les présents que nous lui destinons. Il prendra la mer avec nos marins. En attendant, Ulysse, poursuis ton passionnant récit.

— Alkinoos, répondit Ulysse, il est un temps pour raconter, il est un temps pour dormir. Mais puisque tu le désires, je vais poursuivre ma triste histoire…

Quand toutes les femmes se furent dispersées, voici que je vis surgir l'ombre d'Agamemnon. Lui aussi but le sang noir et me reconnut. Je lui dis alors :

— Agamemnon, chef de nos guerriers, est-ce une tempête qui a coulé tes navires ou es-tu mort en combattant sur le chemin du retour ?

— Non, Ulysse, je ne suis mort ni lors d'une tempête ni lors d'un combat. C'est chez moi que j'ai péri, sous les coups de ma femme et de son amant. Dans la salle du festin, ils ont égorgé tous mes gens, parmi lesquels Cassandre ma captive, la fille du roi Priam. Le sol fumait de notre sang répandu. Mon épouse, la chienne, m'a envoyé chez Hadès sans même me fermer les yeux ! Moi qui me réjouissais de retrouver mes enfants et toute ma maison ! Que la honte de ce crime rejaillisse à l'avenir sur elle et sur toutes les femmes, même vertueuses ! Crois-en mon expérience, Ulysse, sois dur avec ta femme et ne lui dis pas toutes tes pensées. Mais ton épouse, elle, ne te tuera pas. Elle est vertueuse. Je te conseille, toutefois, lorsque tu arriveras à Ithaque, de te cacher. Mieux vaut te méfier.

Alors que nous échangions ces tristes propos, l'ombre d'Achille aux pieds légers m'apparut :

— Fils de Laerte, me dit-il, tu surpasses tous tes exploits en venant ici, au pays des ombres !

Je lui expliquai la raison de ma venue et lui appris que je n'avais toujours pas foulé le sol de ma patrie. J'ajoutai :

— Achille, est-il un homme plus heureux que toi ? Vivant, nous t'admirions tous à l'égal d'un dieu. Et chez Hadès, tu règnes sur les Morts.

— Mon noble Ulysse, je préférerais être le valet de ferme d'un pauvre paysan plutôt que régner sur les

Morts. Mais donne-moi des nouvelles de ma famille.

Je lui répondis que je ne savais rien de son père mais que son fils Néoptolème s'était montré le plus brave des guerriers. Toujours courant pour combattre au premier rang, que de Troyens il avait tués ! Jamais je ne le vis pâlir, même quand nous étions cachés dans le cheval de bois qui nous donna la victoire. Après la prise de Troie, muni de son butin, il prit la mer. Là s'arrêtait ce que je savais de lui.

Je vis aussi Tantale. Le malheureux ! Debout dans un lac, il avait de l'eau jusqu'au menton. Mais lorsque, mourant de soif, il se penchait pour boire, il voyait l'eau disparaître, bue par la terre. Des branches ployaient au-dessus de sa tête. Poiriers, grenadiers, pommiers offraient leurs fruits merveilleux ; mais à peine Tantale cherchait-il à les atteindre qu'un vent puissant les écartait bien loin de lui.

Je vis aussi Sisyphe. Il poussait une pierre gigantesque vers le sommet d'une colline. Mais quand il était prêt de l'atteindre, une force ramenait la roche en bas de la pente. Aussitôt, bandant tous ses muscles, il se remettait à la pousser, ruisselant de sueur, le front couvert de poussière.

Hercule était là aussi, semant la panique parmi les Morts car il tenait son arc entre ses mains.

— Quels durs travaux j'ai dû accomplir pour le roi Eurysthée ! Il m'a même envoyé jusqu'ici afin d'enlever le chien Cerbère. Il pensait que je n'en reviendrais pas... mais j'avais pour guides Hermès et Athéna !

Après lui, j'espérai voir d'autres héros mais la foule des Morts s'assembla, poussant des cris horribles. Sans plus attendre, je regagnai mon navire et donnai l'ordre du départ ; on s'éloigna et le vent nous ramena jusqu'à l'île d'Aiaié. ▶▶

1 Qui suis-je ?

Trouve à quels personnages cités dans ce chapitre les vers ci-dessous font allusion.

A — Je demeure dans les entrailles de la terre.
On me représente avec un air sévère.
Comme personne ne voulait m'épouser,
J'ai dû une belle déesse enlever.

Qui suis-je ? ....

B — Sur ma famille, pèse un malheureux sort
Qui entraîna une foule de morts.
Ainsi moi, je dus sacrifier ma fille.
Ma femme me tua, moi le chef de famille,
Et mon fils dut, pour me venger,
Tuer sa mère d'un coup d'épée.
Je purge aux Enfers ma peine.
Je n'éprouve pour les femmes que haine.

Qui suis-je ? ....

C — On dit que j'ai les pieds légers.
Dans toute la Grèce, mon nom est célébré.
À quoi bon cette gloire si je suis mort ?
Aujourd'hui je préférerais servir un paysan
Si à ce prix j'étais encore vivant.

Qui suis-je ? ....

2 Rébus

Ces rébus te donneront les noms de trois personnes appartenant à la même famille : le grand-père, le père et le fils.

Réponse :

....

Réponse :

....

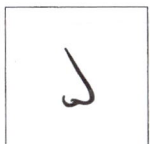    

Réponse : ....

3 Charade

De quel personnage s'agit-il ?

Mon premier est synonyme de chagrin.
Mon deuxième est au milieu de la figure.
Mon troisième se gagne dans une tombola.
Mon quatrième est une petite quantité.
Mon tout attend Ulysse depuis vingt ans.

Réponse : ....

Hadès, l'un des trois maîtres de l'univers des Grecs, possède un point commun avec Artémis, la déesse de la Chasse. Retrouve-le !

Fiche d'identité

Hadès

Né de :
Cronos et Rhéa.

Frère de :
Zeus, Poséidon, Héra...

Époux de :
Perséphone.

Père de :
aucun enfant.

Profession :
dieu des Enfers et des Métaux précieux enfouis sous la terre.

Adresse :
royaume des Morts, sous la terre, qu'il quitte rarement.

Animal :
Cerbère.

Arbre :
le cyprès.

Équivalent latin :
Pluton.

Portrait

Vieillard à la barbe épaisse, il a l'air sévère et le visage marqué. Souvent représenté avec son casque et tenant une fourche ou une pique.

Signes particuliers

Sa couleur est le noir. On ne lui sacrifie que des animaux de couleur sombre et toujours en nombre pair. Possède un casque, présent des Cyclopes, qui le rend invisible.

Fiche d'identité

Reine des Enfers, elle a été enlevée par Hadès, dieu difforme qui règne sur le monde inférieur. Découvre les autres attributs de cette étrange déesse.

Perséphone

Née de :
Déméter et Zeus.

Épouse de :
Hadès.

Mère de :
Zagreus, qu'elle eut avec Zeus.

Profession :
reine des Enfers.

Adresse :
• Royaume des Morts pendant l'automne et l'hiver,
• Royaume de la Terre pendant le printemps et l'été.

Animal :
le coq.

Équivalent latin :
Proserpine.

Portrait

Très belle, Perséphone est pourtant une déesse malheureuse.

Signes particuliers

Elle porte le nom de Coré sur la Terre et celui de Perséphone quand elle est auprès de son époux. Zeus lui a imposé un compromis : au printemps, quand éclosent les bourgeons, elle monte sur Terre ; à l'époque des semences, elle retourne vivre aux Enfers.

Le monde infernal

Dans les mythologies grecque et romaine, les Enfers sont des lieux souterrains où, après leur mort, les âmes descendent afin d'être jugées. Elles reçoivent là le châtiment de leurs fautes ou la récompense de leurs bonnes actions.

Les Enfers comportent quatre régions principales

● La première, la plus proche de la terre est **l'Érèbe**. On y trouve le palais de la Nuit, celui du Sommeil et des Songes (Morphée). Là séjournent aussi Cerbère, Thanatos, dieu de la Mort et les Érinyes (« Furies ») qui naquirent du sang d'Ouranos, mutilé par son fils Cronos. L'aspect des Furies était terrifiant : des nœuds de vipères entremêlées leur servaient de cheveux tandis que leurs yeux pleuraient des larmes de sang. Elles quittaient souvent le royaume des Morts pour aller persécuter sur Terre les criminels. Mégère était l'une d'elles. Son nom sert à désigner aujourd'hui une femme acariâtre et méchante.
C'est là aussi qu'erraient pendant cent ans les ombres infortunées dont les corps n'avaient pas reçu de sépulture.

● **L'Enfer** est la deuxième région. Les méchants y subissaient toutes sortes de tortures. Leurs âmes étaient plongées successivement dans des étangs glacés et dans des lacs de soufre et de poix bouillante. Des marécages bourbeux et fétides ou encore des eaux embrasées rendaient toute fuite impossible.

● Après cet Enfer venait le **Tartare**, environné d'un triple mur d'airain, qui était la prison des dieux. C'est là qu'étaient enfermés les Titans, les Géants et les anciens dieux chassés de l'Olympe. Le palais du dieu des Enfers, Hadès, se dressait là.

● Enfin, les **champs Élysées** formaient le séjour heureux des âmes vertueuses. Là régnait un éternel printemps, la terre se couvrait sans cesse de verdure, de feuillages, de fleurs et de fruits. Les âmes qui y résidaient goûtaient un délicieux repos et jouissaient d'une éternelle jeunesse, sans inquiétude et sans douleur.

VII

Charybde et Scylla

« **N**OUS ATTEIGNÎMES l'île de Circé à l'aube. Avertie de notre retour, la déesse accourut aussitôt sur la plage.

— Vous êtes vivants ! Alors que les simples Mortels ne connaissent la mort qu'une fois, vous, vous la verrez deux fois. Mais venez dans mon palais vous restaurer avant de reprendre la mer demain. Ulysse, je te dirai quels nouveaux dangers t'attendent et les moyens de les éviter si tu suis mes conseils.

C'est ainsi que nous passâmes tout le jour à manger et à boire. Quand la nuit fut venue, Circé me prit par la main et m'entraîna loin de mes compagnons couchés auprès de nos noirs vaisseaux. Toute la nuit durant, elle me mit en garde contre les périls qui jalonneraient notre retour. Elle me parlait encore que déjà paraissait l'aube aux doigts de rose. Je regagnai alors la plage. En hâte, je réveillai mes hommes ; nous nous embarquâmes alors qu'une bonne brise envoyée par Circé gonflait nos voiles. Quand tous furent à leur poste, je leur dis :

— Si vous voulez éviter la mort, je vais maintenant vous révéler ce que m'a confié Circé. Tout d'abord, nous passerons au large de l'île des Sirènes. Il nous faudra éviter d'écouter leurs voix ensorcelantes. Moi seul aurai le droit de les entendre mais vous m'attacherez au mât avec des liens solides. Et si je vous ordonne de me détacher, n'en faites rien. Au contraire, resserrez les nœuds.

À peine avais-je terminé qu'apparaissait l'île des Sirènes dont les rivages sont bordés par les os blanchis de ceux qui se sont approchés pour les mieux écouter. Le vent tomba. Plus un souffle. La mer semblait dormir. Sans attendre, mes hommes ramenèrent les voiles et s'installèrent aux rames dont les coups blanchirent la mer d'écume. Je pris alors un grand morceau de cire que je découpai. Je le pétris entre mes doigts afin de le ramollir et j'en bouchai les oreilles de mes compagnons afin qu'ils n'entendent rien des chants maléfiques. Ensuite, ils me lièrent solidement au mât. Le navire filait au large de l'île mais les sirènes l'aperçurent. Aussitôt, elles entonnèrent leur chant envoûtant.

— Arrête-toi, noble Ulysse, pour écouter notre mélodie merveilleuse ! Aucun vaisseau ne double notre cap sans s'arrêter. Les marins écoutent nos voix harmonieuses puis repartent heureux et plus riches de savoir car nous n'ignorons rien de ce qui se passe sur la terre nourricière.

Leur chant me captivait tant que je voulus m'approcher d'elles. Je fronçai les sourcils à l'intention de mes hommes pour qu'ils me détachent. Mais eux se courbèrent davantage sur leurs rames tandis qu'Euryloque au grand cœur vint resserrer mes liens. Peu à peu l'île s'éloigna, les chants s'éteignirent dans le lointain. On me délivra et mes hommes ôtèrent la cire de leurs oreilles.

Ce fut pour entendre alors d'énormes coups sourds et voir une fumée au loin. La panique s'empara de tout l'équipage qui lâcha brusquement les rames, laissant le navire immobile sur les flots.

— Holà ! mes amis ! Courage ! N'avons-nous pas connu

pire danger avec le Cyclope ? Ne vous ai-je pas alors tiré d'affaire ? Faites ce que je vous dis. Retournez à vos places et ramez de toutes vos forces. Toi, pilote, tu vois cette fumée et ce rocher ? Il te faut passer au large en prenant bien garde à l'écueil sinon nous mourrons.

Je ne leur précisai pas que cet écueil était la terrible Charybde que Circé m'avait longuement décrite. Les coups sourds que nous avions entendus, c'était elle. Elle qui, sur son rocher surmonté d'un grand figuier, engloutit l'eau de la mer et la vomit trois fois par jour. Si un navire était pris lorsqu'elle engouffre les flots, même Zeus ne pourrait lui venir en aide. Mais si nous passions au large de Charybde, il nous fallait forcément longer l'écueil qui lui faisait face : Scylla, l'aboyeuse aux cris de petit chien. Voici son histoire, telle que Circé me l'avait contée : imaginez un rocher dont la cime se perd dans le ciel. On ne peut l'escalader tant il est lisse et glissant. À mi-hauteur, il y a une grotte. C'est là que gîte Scylla qui aboie comme une chienne. Sa vue n'est agréable ni aux dieux ni aux hommes. Elle a douze pieds, de vilains moignons, six cous immenses au bout desquels s'agitent six têtes effroyables, dont les mâchoires sont hérissées d'une triple rangée de dents serrées, pleines des ombres de la mort. Tapie à mi-corps dans sa caverne obscure, elle allonge ses cous jusqu'au dehors et pêche de là-haut dauphins et chiens de mer. Aucun navire n'est passé près d'elle sans dommage : chaque gueule du monstre enlève un marin. Je n'avais rien dit de tout cela à mes compagnons de peur de les voir abandonner les rames pour se cacher au fond du bateau.

Nous entrâmes donc dans le détroit, le cœur noué d'angoisse. D'un côté Charybde, de l'autre Scylla. Les yeux fixés sur Charybde, nous la voyions vomir en rugissant une mer bouillonnante dont l'écume jaillissait jusqu'au haut de l'écueil. Puis elle engloutissait à nouveau les flots, découvrant les sables du fond. Mes compagnons étaient verts de peur. Soudain, des hurlements à bord : Scylla venait de s'emparer de six de mes meilleurs rameurs ! Ils crièrent, ils m'appelèrent, désespérés. Je les vis, agitant frénétiquement leurs bras et leurs jambes dans les airs. Ils criaient encore mon nom que Scylla, à l'entrée de sa caverne, les dévora tout vifs. Jamais je n'oublierai ce spectacle atroce. Mes hommes redoublèrent leurs efforts, si bien que nous parvînmes à franchir la passe maudite. Mais ce fut pour apercevoir l'île du Trident où paissent les beaux troupeaux d'Apollon, le dieu du Soleil. Même loin du rivage, nous entendions meugler les vaches et bêler les moutons. Je me souvins alors des paroles de Tirésias et de Circé.

— Amis, dis-je à mes compagnons, ne nous arrêtons pas dans cette île car Tirésias nous y a prédit de grands malheurs.

— Comme tu es dur pour nous, Ulysse ! Toi, tu es résistant, jamais fatigué. Tu nous interdis d'aborder sur cette île où nous aurions pu préparer notre dîner. Tu préfères que nous errions sur la mer alors que la nuit est prête à tomber. Mais c'est justement la nuit que surviennent les pires bourrasques qui font sombrer les navires ! Arrêtons-nous plutôt, dînons, dormons et dès l'aube nous repartirons.

Hélas ! Tous furent de cet avis.

— Euryloque, je ne peux rien seul contre vous tous. Mais jurez-moi que vous ne tuerez aucune bête des troupeaux qui sont sur cette île et que vous ne mangerez que les vivres qui sont à bord.

Tous en firent le serment. C'est ainsi que nous mouillâmes

« Scylla venait de s'emparer de six de mes meilleurs rameurs ! »

dans un port profond près d'une eau douce. Le repas terminé, nous évoquâmes en pleurant nos compagnons dévorés par Scylla. Puis le doux sommeil alourdit nos paupières.

Au moment où la nuit pâlit, Zeus lâcha le terrible Notos. Le rivage, la mer furent noyés sous une pluie torrentielle. Dès que parut l'aube aux doigts de rose, nous tirâmes le bateau jusque dans une grotte. Là, je leur répétai :

— Nous avons à bord vivres et eau en abondance. Ne touchons pas aux troupeaux si nous ne voulons pas qu'un grand malheur s'abatte sur nous. Ces bœufs, ces brebis que vous voyez appartiennent au Soleil qui voit tout, entend tout.

Pendant un mois entier, le Notos souffla jour et nuit si bien que les vivres vinrent à manquer. Il nous fallut pour nous nourrir chasser les oiseaux, pêcher les poissons.

Un jour, loin de mon équipage, j'allai prier les dieux avec l'espoir qu'ils m'auraient indiqué le chemin du retour. Mais l'un d'eux m'endormit.

Pendant ce temps, Euryloque tenait ce discours :

— Mourir de faim, n'est-ce pas la mort la plus cruelle qui existe ? Allons ! Tuons quelques belles bêtes que nous offrirons en sacrifice aux Immortels. De retour à Ithaque, nous dresserons un sanctuaire au dieu du Soleil et nous lui immolerons les plus beaux animaux de nos troupeaux. Et si Apollon demeure courroucé et exige de Zeus qu'il détruise notre navire, je préfère encore périr en mer plutôt que d'attendre la mort sur cette terre !

Et tous d'applaudir et de pourchasser les vaches aux grandes cornes qui paissaient à proximité de la proue bleue de notre vaisseau. Une fois les animaux tués, ils les dépecèrent, les découpèrent, les offrirent en sacrifice aux dieux auxquels ils adressèrent des prières et, enfin, en mangèrent la viande rôtie. Quant à moi, aussitôt réveillé, je repartis en direction de la plage. C'est en approchant que je sentis la bonne odeur de viande grillée. Je compris immédiatement et m'adressant aux Immortels, je laissai éclater ma colère :

— Zeus et vous tous, dieux de l'Olympe, je suis donc maudit puisque vous avez permis à mes hommes de commettre ce crime pendant mon sommeil !

Lorsque je retrouvai mes compagnons, j'adressai à chacun de furieux reproches. Mais, hélas, il n'y avait plus rien à faire et déjà s'accomplissaient des prodiges : voici que les dépouilles des bêtes rampaient, que la chair, cuite ou crue, meuglait autour des broches. On aurait dit le cri de bœufs vivants. Pendant six jours, mes hommes mangèrent à satiété. Le septième jour, Notos s'apaisa et nous embarquâmes sans attendre. Mais à peine étions-nous en pleine mer que le Zéphir hurlant se mit à souffler. Une bourrasque rompit le mât qui fracassa la tête du pilote. Zeus tonna, foudroya notre vaisseau. Mon équipage fut précipité à la mer tant les vagues étaient violentes. Éparpillés, mes hommes se noyèrent l'un après l'autre, un dieu leur interdisant le retour à bord. Moi, je courais ici et là. Soudain, la proue se disloqua et fut emportée par les flots contre le mât. Je m'agrippai à ce dernier et réussis à attacher ensemble proue et mât avec un morceau de cuir. Je parvins à m'asseoir et me laissai emporter par ces vents. Grâce au père des dieux, j'échappai une fois encore à Charybde et Scylla et, neuf jours durant, j'errai sur la mer. Le dixième jour, j'échouai sur les rivages d'Ogygie, l'île de Calypso, la nymphe aux cheveux bouclés. Elle me recueillit et m'aima.

— Mais à quoi bon poursuivre la suite que je vous ai déjà contée, à toi Alkinoos et à ton épouse.

1 Situations d'hier, mots d'aujourd'hui

Vocabulaire Certaines expressions françaises font référence à des personnages cités dans les chapitres VI et VII. On les utilise quand la situation dans laquelle on est plongé présente des similitudes avec celle où s'est trouvé un héros mythologique.

Relie chaque expression à la bonne définition.

Expressions

1 - Un supplice de Tantale

2 - Tomber de Charybde en Scylla

3 - Accomplir une tâche sysiphéenne

4 - Céder au chant des sirènes

5 - Vivre une odyssée

6 - Le talon d'Achille

Définitions

a - Point faible d'une personne.

b - Être tout près de l'objet de ses désirs sans pouvoir l'atteindre.

c - Échapper à un danger mais pour tomber dans un danger encore plus grand que le premier.

d - Parcourir un long voyage ou vivre un moment riche en aventures.

e - Travail que l'on doit refaire dès qu'on l'a terminé.

f - Écouter des paroles séduisantes qui vous mènent à la catastrophe.

2 Charades

De qui s'agit-il ?

A — Une montre m'est utile pour savoir mon premier.
Mon deuxième est très apprécié des Chinois.
Mon troisième est synonyme de haillons.
Mon tout n'est pas de bon conseil dans ce chapitre.

Réponse : ....

B — Avec mon premier on mettrait Paris en bouteille.

Mon second signifie « bien fatigué ».

Mon tout est un monstre.

Réponse : ....

C — Mon premier évite aux compagnons d'Ulysse d'entendre les sirènes.

Mon second siège aux côtés du roi.

Mon tout essaie de perdre Ulysse.

Réponse : ....

3 Test de lecture

Ce chapitre est riche en aventures et en personnages. Ce texte à trous va te permettre d'évaluer ta lecture. Complète-le à l'aide des mots de la liste ci-dessous.

Liste : l'île d'Ogygie - Sirènes - Scylla - Soleil - Circé - Charybde six - l'île du Trident - Euryloque

Quand Ulysse revient du royaume des Morts, ...

lui annonce les dangers qui l'attendent. Il doit tout d'abord éviter de

s'approcher de l'île des .... à la voix ensorcelante.

Ensuite, son navire passera entre deux écueils. L'un est ....

.... qui engloutit la mer et la recrache trois fois par jour.

L'autre est .... qui dévorera ....

des compagnons d'Ulysse.

Il débarque ensuite sur .... où paissent les trou-

peaux d'Apollon, le dieu du .... Mais à cause

d'..........................., Zeus punira l'affront fait à ce dieu en

provoquant une tempête au cours de laquelle tout l'équipage périra

noyé. Seul Ulysse en réchappera et abordera sur ....

.... où vit la nymphe Calypso.

Apollon est le dieu solaire.
Il est aussi le symbole
de la beauté masculine.
Sais-tu ce qui le distingue
du dieu Hadès ?

Fiche d'identité

Apollon

Né de :
Zeus et Léto, dans l'île de Délos.

Frère jumeau de :
Artémis.

Époux de : personne. Il a aimé de nombreuses femmes : la nymphe Coronis ; Daphné, qui se refusa à lui et qu'il métamorphosa en laurier ; Clytie qui, délaissée par lui, se changea en héliotrope, une fleur plus communément appelée tournesol ; Cassandre qui, ayant obtenu le don de prophétie, ne voulut pas s'unir à lui. Pour la châtier, Apollon lui retira le pouvoir d'être crue.

Père de : Esculape, qu'il eut de Coronis ; Phaéton, né de Clyméné.

Profession : dieu du Soleil qui donne la lumière, de la Musique et de la Poésie.

Adresse : l'Olympe, d'où Zeus l'exila deux fois.

Animaux : le dauphin et le corbeau.

Arbre : le laurier
(en souvenir de Daphné).

Lieux où sont rendus ses oracles :
Délos, et surtout Delphes.

Portrait
Toujours jeune, sans barbe.
Porte un arc et des flèches
(les rayons du soleil), la lyre
(harmonie des cieux).
Sa chevelure est flottante
et ceinte d'une couronne
de lauriers.

Signes particuliers
Lorsqu'il conduit le char
du Soleil, on l'appelle Phébus
ou Phoibos ; sur la Terre
et aux Enfers, on le nomme
Apollon. Chante et joue
merveilleusement
de la lyre.

Documentation
VII

Les sirènes

D'où vient la légende des sirènes ?

L'approche des côtes est souvent rendue difficile par les écueils qui les jalonnent. Il y a souvent là de nombreux poissons qui attirent les oiseaux de mer en quête d'une pêche fructueuse. À la tombée de la nuit, on entend leurs cris mêlés au clapotis des vagues. Ce ramage, ces sifflements d'ailes peuvent parfois donner l'illusion aux marins d'une rumeur humaine, celle de jeunes filles s'ébattant dans les flots. Céder à l'illusion et s'approcher, c'est pour eux risquer d'aller fracasser leur barque contre les écueils.

Les poètes ont ainsi imaginé la légende des Sirènes.

Le fleuve Achélos eut trois filles de Calliope, la muse de l'Éloquence. Mais Déméter (Cérés pour les Latins), déesse de la Terre nourricière, les métamorphosa en êtres hybrides car elles n'étaient pas allées au secours de sa fille Perséphone lorsque Hadès l'enleva pour l'épouser aux Enfers. Dorénavant elles auraient bien un visage et un buste de femme mais leur corps serait celui d'un oiseau. Un oracle leur prédit qu'elles vivraient tant qu'elles parviendraient à arrêter les navigateurs sur une île au large de la Campanie. Mais le jour où le charme de leurs voix n'opérerait pas sur un navire, elles périraient. C'est dire si elles étaient vigilantes pour charmer et envoûter tous ceux qui longeaient leurs côtes. Malheur à ceux qui s'approchaient : les voix ensorcelantes leur faisaient tout oublier, même de manger et de boire ! Nombreux furent ceux qui succombèrent. Voilà pourquoi les côtes de l'île étaient encombrées de montagnes d'os que le temps avait blanchis.

Comme tu viens de le lire, Ulysse résista grâce aux précieux conseils de Circé. Après son passage, les sirènes se précipitèrent dans les flots où elles devinrent de petites îles rocheuses qu'on appela les Sirènuses.

VIII

Le retour d'Ulysse à Ithaque

— Tu n'as rien à craindre, Ulysse, dit Alkinoos. Tu vas pouvoir retrouver ton logis sans avoir à affronter de nouveaux malheurs. Vous tous qui avez écouté, voyez ce coffre qui renferme les présents que nous offrirons à notre hôte. Demain, soyez généreux avec Ulysse qui vient de se montrer digne d'un aède en nous contant son histoire !

Tous approuvèrent et chacun regagna sa demeure.

Lorsque parut l'aube aux doigts de rose, on immola un bœuf en l'honneur d'Ulysse et, une fois encore, on festoya. Mais Ulysse s'impatientait, il aspirait tant au retour ! Enfin le soleil déclina et il fit ses adieux au roi de Phéacie.

— Il est temps pour moi de rentrer. Adieu, roi Alkinoos. Je te serai toujours reconnaissant pour ton hospitalité, ta générosité et le retour que tu m'accordes. Fassent les dieux que je retrouve ma femme et mon fils sains et saufs et que les Immortels vous accordent un bonheur éternel !

Sur ces mots, Ulysse franchit le seuil du palais, accompagné de trois servantes. L'une portait de beaux vêtements pour lui ; l'autre le coffre en bois épais ; et la dernière du pain et du vin. À bord du bateau, on dressa à son intention un lit sur le gaillard d'avant afin qu'il fût au calme. Chacun se mit à son poste et la mer blanchit d'écume sous les coups vigoureux des rameurs. Le navire filait si vite que le plus rapide des éperviers n'aurait pu le suivre. Il volait, fendait les flots tandis qu'Ulysse dormait, immobile.

L'aurore paraissait à peine que l'embarcation atteignait déjà Ithaque et s'échouait sur la grève. Sans réveiller Ulysse, les marins le déposèrent sur le sable. Au pied d'un olivier, ils entassèrent les présents et s'en retournèrent sans retard.

Mais Poséidon, l'ébranleur de la Terre, n'avait rien oublié de sa colère. Voyant Ulysse à Ithaque, il s'en fut voir Zeus :

— Quel dieu maintenant me respectera si les Mortels se moquent ouvertement de moi ? Je savais qu'Ulysse rentrerait chez lui après mille souffrances puisque toi, Zeus, en avait fait le serment. Mais quoi ! Il regagne sa patrie, endormi, à bord d'un bateau phéacien et avec plus de richesses que le butin qu'il aurait ramené de Troie !

— Jamais aucun dieu ne te manquera de respect, à toi l'aîné, le chef, l'ébranleur de la Terre ! s'empressa de répliquer Zeus. Pourquoi ne pas te venger de ces Mortels ?

— J'ai bien pensé à fracasser leur vaisseau mais je craignais ta colère.

— Attends que le navire soit tout proche de la côte et alors transforme-le en pierre afin de frapper de stupeur les humains.

Poséidon ne traîna pas. Le voilà déjà en Schérie, la belle terre des Phéaciens. Le bateau arrivait du large à vive allure, il était tout près. Poséidon s'avança alors dans la mer, étendit son bras et frappa le navire de sa main, s'en retournant aussitôt.

La foule, sur les quais, n'en croyait pas ses yeux.

— Qu'est-il arrivé ? Où est le bateau dont nous voyions déjà la proue ?

— Misère ! dit alors Alkinoos, l'oracle s'est accompli : c'est Poséidon qui s'est vengé parce que nous avons raccompagné les étrangers sains et saufs chez eux. Mon père m'avait annoncé qu'il transformerait l'un de nos navires revenant d'une telle course. Il nous faudra renoncer à reconduire quiconque viendra sur notre terre. Implorons la pitié de Poséidon en lui offrant douze taureaux.

Et le peuple, frappé d'étonnement, s'empressa de lui obéir.

Pendant ce temps-là, Ulysse s'éveillait sur sa terre natale. Absent depuis si longtemps, il ne la reconnut pas car Athéna avait noyé le paysage dans la brume : le port, les grandes roches, les sentiers sinueux, et même les arbres à l'épais feuillage lui semblaient inconnus. Il fut pris d'angoisse.

— Où suis-je ? Les hommes qui habitent ce pays sont-ils sauvages, inhospitaliers ou, au contraire, accueillants et respectueux des dieux ? Où cacher les présents du roi Alkinoos ? Où aller ? Voilà donc la parole des Phéaciens ? Ils m'avaient pourtant promis de me débarquer à Ithaque ! Ils m'ont trahi !

Ainsi gémissait-il en arpentant le rivage. Soudain, il aperçut un jeune berger beau comme un fils de roi avec sa cape fine, ses sandales et sa houlette à la main.

— Ami, je te salue. Tu es la première personne que je rencontre. Aide-moi à cacher mes biens. Je te supplie à genoux de me dire quelle est cette terre. Qui l'habite ? Suis-je sur une île ou sur la côte d'un continent ?

Athéna, la déesse aux yeux pers, car c'était elle le jeune pastoureau, lui répondit :

— Ou tu es fou ou tu viens de très loin ! Cette île est connue de nombreux voyageurs. Même si elle est petite et hérissée de rochers, sa terre est fertile. Ne connais-tu pas l'île d'Ithaque ?

Quelle joie pour Ulysse de se savoir dans sa patrie ! Mais, rusé et afin de n'être pas reconnu, il mentit au jeune pâtre

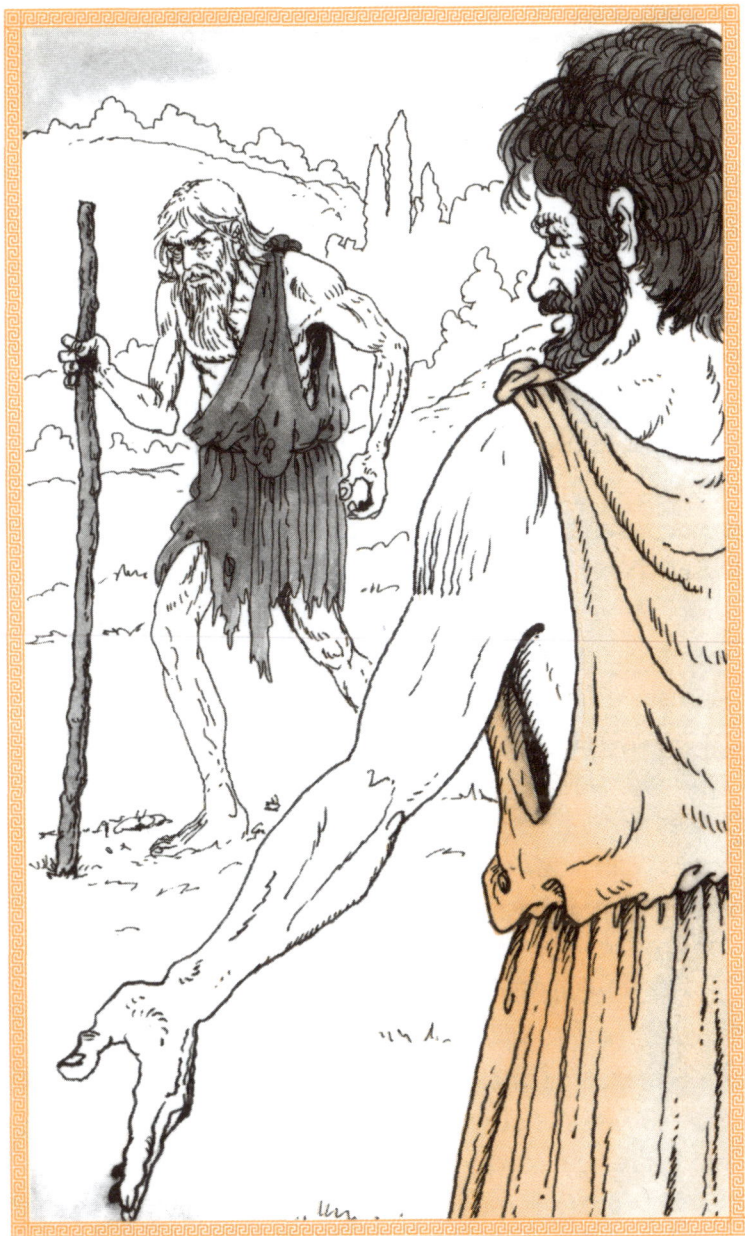

« Vieillard, n'aie pas peur, dit le porcher.
Approche ! Veux-tu boire, manger ? »

quant à sa véritable identité. Athéna se prit à rire et lui apparut alors sous l'aspect d'une belle femme parée de beaux vêtements.

— Quel homme habile ! Jamais tu ne renonces à la ruse ! Je suis la déesse Athéna. Viens, asseyons-nous que je te dise ce qu'il te faut faire pour redevenir le maître de ton royaume.

Mais Ulysse avait connu tant de malheurs que son cœur restait méfiant, même à l'égard des dieux. Athéna s'en rendit compte et lui dit :

— Je n'ai pu contrer la colère de Poséidon qui a voulu venger son fils le Cyclope. Et pour te prouver que je dis vrai, je vais dissiper le brouillard qui t'empêche de reconnaître le port de Phorcys où tu as abordé et la grotte des Naïades où nous cacherons tes présents.

Alors les yeux d'Ulysse virent enfin son île. Il s'agenouilla pour en baiser le sol et adressa une prière aux nymphes.

Après avoir entreposé le trésor dans la grotte, Athéna et Ulysse s'assirent au pied d'un olivier.

— Il va te falloir faire preuve de prudence, commença la déesse, car une foule de prétendants s'est installée dans ta demeure. Ils veulent s'emparer de ton trône et forcer ta femme à choisir un époux parmi eux. Mais n'aie crainte, elle ne t'a jamais oublié. Elle t'attend et a réussi jusque-là à les tromper. Depuis dix ans, ils vivent sur tes richesses qu'ils dilapident sans compter.

— Athéna, dis-moi vite comment me venger de ces hommes. Si tu me donnes assez de courage, je me sens prêt à me battre seul contre cent !

— Tu vas devoir recourir à la ruse si tu ne veux pas qu'ils te tuent car ils sont très nombreux. Pour commencer, va chez le porcher Eumée. Lui t'est resté fidèle et prend encore grand soin de tes troupeaux. Écoute tout ce qu'il te dira. Pendant ce temps, je retrouverai ton fils Télémaque chez le roi Ménélas à Sparte et lui dirai de te rejoindre ici.

— Pourquoi lui avoir caché que j'étais vivant et lui laisser prendre des risques sur la mer houleuse alors que les prétendants ruinent notre royaume ?

— Ne sois pas inquiet, il reviendra sain et sauf. Mais tout d'abord, il ne faut pas que tu sois reconnu si tu veux rentrer dans ton palais.

D'un coup de baguette, elle le métamorphosa : les yeux d'Ulysse s'éteignirent, ses cheveux brusquement blanchirent, sa peau se parchemina, ses membres se courbèrent, ses vêtements devinrent des haillons sales et déchirés. Pour tout bagage, il n'eut plus qu'une méchante besace trouée en bandoulière et un bâton noueux dans sa main tremblante. Athéna partie, il resta seul sur le rivage.

Le voilà maintenant empruntant d'un pas peu sûr les sentiers escarpés et raboteux menant chez Eumée. Arrivé près des étables, Ulysse remarqua qu'il y manquait de nombreuses bêtes. Sans doute était-ce là l'œuvre des prétendants pillards qui exigeaient chaque jour que l'on en tuât pour leurs festins !

Mais Ulysse fut interrompu dans ses sombres pensées : des chiens se jetaient dans ses jambes en hurlant. Aussitôt, Eumée sortit et les chassa à coups de pierre.

— Vieillard, n'aie pas peur, dit le porcher. Approche. Veux-tu boire, manger ? Entre que je t'accorde l'hospitalité comme on l'accorde, je l'espère, à mon bon roi Ulysse qui erre peut-être à ce jour sur une terre étrangère ! Je n'ai guère à t'offrir car on pille les richesses de mon pauvre maître.

Ulysse entra et, tandis qu'il se restaurait, le porcher se

lamenta sur les malheurs qui frappaient le royaume d'Ithaque depuis la longue absence du roi de l'île. Que n'avait-il embarqué à bord du vaisseau d'Ulysse partant pour Troie ! Peut-être aurait-il sauvé la vie à son maître ? Les dieux allaient-ils donc le laisser mourir sans qu'il pût une dernière fois embrasser les pieds de son Ulysse vénéré ?

Ulysse fit des efforts pour cacher son émotion et assura à Eumée qu'il reverrait son roi. Celui-ci se vengerait des prétendants avant la fin de ce mois !

— Est-ce possible ? L'as-tu vu pour en être certain ? Qui es-tu donc ? interrogea le porcher. N'es-tu pas en train de me tromper ? J'ai déjà couvert de cadeaux un étranger qui m'annonçait comme toi son retour. Mais il n'en fut rien, hélas !

— Concluons un marché, veux-tu ? lui proposa alors Ulysse. Si je dis la vérité, tu m'offriras une tunique. Et si je mens, que tes bergers me jettent du haut de la falaise !

Eumée, impressionné devant tant d'assurance, accepta et sentit l'espoir renaître en lui. Joyeux, il proposa de sacrifier un porc en l'honneur d'Hermès.

Sacrifice et festin durèrent jusqu'à la tombée de la nuit. À Eumée qui le pressait de questions sur lui, Ulysse dut mentir : il inventa qu'il s'appelait Castor et qu'il venait de Crète. Puis, rassasiés et fatigués, tous deux allèrent se coucher, Ulysse sur la couche d'Eumée, et le porcher dans l'étable.

Tandis que Télémaque dormait dans le palais du roi Ménélas, Athéna le visita en songe. Elle lui intima l'ordre de regagner Ithaque et l'avertit du piège que les prétendants lui avaient tendu dans le port d'Ithaque. Afin d'y échapper, il devait naviguer de nuit, aborder l'île par le sud et se rendre chez Eumée. Pour plus de précautions, c'était le porcher qui se rendrait au palais afin d'avertir Pénélope de son retour.

— Ne perds pas de temps, Télémaque ! Regagne sans tarder Ithaque ! murmura une dernière fois la déesse aux yeux pers.

Aussitôt l'aube parue, le fils d'Ulysse prit congé de son hôte.

— Je ne te retiens pas, Télémaque. Mais accepte de charger ton char de quelques présents. Voici une coupe d'argent que le dieu Héphaïstos lui-même cisela. Puisses-tu n'y boire que lorsque ton cœur sera empli de joie !

Hélène, son épouse, ajouta un voile d'une finesse merveilleuse brodé par ses soins, et le fils de Ménélas, une urne d'argent.

Télémaque tenait déjà les rênes des chevaux en main, quand, à la droite de son char, il vit dans le ciel voler un aigle agrippant un mouton dans ses serres. Tous se réjouirent car ce signe présageait un voyage sans danger.

Le soir du deuxième jour, Télémaque atteignait Pylos et s'embarquait pour Ithaque. Et par cette nuit sans lune, Athéna gonfla les voiles d'un bon vent. Mais Télémaque ne dormit pas : il veilla, assis à la proue, attentif au moindre bruit. Le navire filait, silencieux sur les flots sombres afin de ne pas révéler sa présence.

Enfin, les rives d'Ithaque ! Soudain un marin s'exclama : un vautour venait de frôler le sol à la droite de Télémaque, tenant dans ses serres une colombe dont l'une des plumes blanches tomba entre le fils d'Ulysse et le navire.

— Ô, merci Athéna, tu m'envoies là le signe que je reverrai mon père et que nous l'emporterons sur les prétendants !

Sans s'attarder davantage, Télémaque se mit en route. Au

bout de quelques heures d'une marche rapide, il parvint chez Eumée.

En entendant les aboiements joyeux de ses chiens, le porcher sortit sur le seuil. Il poussa un cri :

— Télémaque, mon prince ! Te voilà enfin, ma douce lumière ! Je croyais que je ne te reverrais plus et que je perdrais Ulysse pour la deuxième fois.

En sanglotant, Eumée embrassa Télémaque qui laissa longtemps sa main dans celle du vieux serviteur. Puis il répondit à toutes les questions que lui posa Télémaque sur sa mère, Pénélope. Enfin, ils entrèrent à l'intérieur.

En voyant son fils, Ulysse ne dit mot, le cœur étreint par l'émotion. Quoi ? Ce beau jeune homme vigoureux était le petit enfant qu'il avait laissé à son départ ! Quelle volonté il fallut au noble Ulysse pour maîtriser le tremblement qui s'était emparé de lui !

Lorsque Eumée le présenta comme un suppliant de Zeus aspirant à retourner dans son île natale, Télémaque assura aussitôt le vieillard qu'on le raccompagnerait dans sa patrie.

Puis il demanda à Eumée de se rendre dès le lendemain au palais pour informer sa mère de son arrivée à Ithaque.

Mais il était, pour l'heure, temps de dormir.

1 Charades

En réalisant ces charades, tu découvriras le nom de personnages déjà présents dans le premier chapitre.

A — Les enfants adorent regarder mon premier.
Mon deuxième peut être de bois ou de cocagne.
Mon troisième est en panache chez l'écureuil.
Quelle joie éprouve Ulysse quand il retrouve mon tout !

Réponse : ....

B — Mon premier est le mois du muguet.
Mon deuxième fait partie de notre appareil respiratoire.
Mon troisième est un synonyme d'épuisée.
C'est à cause de la femme de mon tout que la guerre de Troie eut lieu.

Réponse : ....

2 Rébus

De qui s'agit-il ?

Que de Grecs et de Troyens moururent à cause d'elle !

Réponse :

....

3 Quel préfixe : in- ou im- ?

Vocabulaire

L'adjectif « inhospitalier » que tu as lu dans le texte est composé du préfixe *in-* : qui n'est pas, et du radical « hospitalier ». Le préfixe *in-* a en effet souvent ce sens. Mais dans certains mots, il signifie « dans ».

Voici une liste de mots tous composés avec le préfixe *in-*. Coche la case V chaque fois que *in-* ou *im-* signifie « qui n'est pas » et F quand il veut dire « dans ».

1 - inconnu V F	5 - incruster V F
2 - inoculer V F	6 - immigrer V F
3 - immerger V F	7 - importer V F
4 - incroyable V F	8 - inoui V F

4 Homonymes

Complète les phrases suivantes avec l'un des homonymes de la liste ci-dessous :

Liste : pers - paire - perd - père

1 - Télémaque attend le retour de son ....

2 - Pénélope ne .... pas l'espoir de revoir son époux.

3 - Hermès porte une .... de sandales ailées.

4 - Des yeux .... sont des yeux de diverses couleurs où le bleu domine.

Fils de Zeus, Héphaïstos prit un jour la défense de sa mère, Héra. Les conséquences pour lui furent-elles heureuses ou funestes ?

Fiche d'identité

Héphaïstos

Portrait

Homme d'âge mûr, barbu, tient de la main droite un marteau et, de la gauche, des tenailles.

Signes particuliers

Être difforme, hideux, il est boîteux depuis le jour où Zeus le jeta du haut de l'Olympe : Héphaïstos avait reproché à son père d'avoir suspendu Héra par les poignets dans le ciel (quand Zeus avait voulu ainsi la punir d'une révolte qu'elle avait fomentée contre lui).

Né de :
Zeus et Héra, dont il est le premier enfant.

Frère de :
Arès, Hébé.

Époux de :
Aphrodite, la déesse de l'Amour.

Père de :
Érichthonios.
Héphaïstos désira très fort posséder Athéna venue chercher des armes. Sa semence se répandit sur la Terre et donna naissance à Érichthonios.
On ne lui connaît pas de descendance avec Aphrodite.

Profession :
dieu du Feu, armurier et forgeron des Immortels. Il forge les foudres de Zeus.

Adresse : l'Olympe.
Sa résidence terrestre a d'abord été l'île volcanique de Lemnos où Prométhée vola le feu.
Il s'établit finalement dans les profondeurs de l'Etna.

Animal : le lion.

Équivalent latin : Vulcain.

Les nymphes

Les nymphes sont des divinités qui peuplent la nature. Quand elles vivent dans les forêts, les arbres, elles portent le nom de dryades. Lorsqu'elles habitent les rivières, les sources, les eaux courantes, on les appelle naïades (du mot grec *naein* qui signifie « couler »). On les disait filles de Zeus ou des fleuves. Elles sont représentées comme des jeunes filles très jolies, bras et jambes nus, avec une longue chevelure flottant sur leurs épaules parée de fleurs. Sensibles à la beauté des jeunes Mortels, elles tentent de les séduire et se vengent d'eux, parfois très cruellement, s'ils leur résistent. Narcisse, un beau jeune homme, mourra de n'avoir pas aimé la nymphe Écho : il tombera amoureux de lui-même, de son propre reflet dans l'eau. Il restera à admirer son image, allant jusqu'à oublier de manger et de boire. À l'endroit où il mourra poussera la fleur qui porte son nom : le narcisse.

Les présages

À deux reprises dans ce chapitre, Télémaque est témoin de scènes qu'il interprète comme d'heureux présages. Il voit un aigle au moment de quitter Ménélas et un vautour en débarquant à Ithaque. Pour les Grecs et pour les Romains, les moindres signes dans la nature, ou même les mouvements involontaires de notre corps (éternuements, tressaille-ments d'un muscle, sifflements...) exprimaient la volonté des dieux. Ces messages envoyés pouvaient être d'heureux présages et annoncer, par exemple, la réussite de ce qu'on avait entrepris (c'est le cas pour Télémaque) ou bien de mauvais présages et annoncer alors un échec, une catas-trophe. Il est intéressant de noter que le mot « sinistre » (qui fait craindre un malheur) vient du latin *sinister* qui signifie « qui est à gauche ».

IX
Ulysse dans son palais

I L ÉTAIT TEMPS maintenant pour Ulysse de se faire reconnaître par Télémaque. Il sortit à l'extérieur de la cabane où Athéna l'attendait. Elle le toucha de sa baguette... Plus de rides, plus de barbe blanche ! La déesse le fit même paraître plus grand, plus jeune qu'auparavant, superbe dans les vêtements offerts par les Phéaciens.

Lorsqu'il pénétra dans l'étable, Télémaque, abasourdi, ne put cacher la crainte que cette vision lui inspirait. N'était-ce pas un dieu qui prenait ainsi l'apparence de son père ?

— C'est bien moi, Ulysse, ton père, celui que tu attends ! Je reviens après vingt ans de tourments. Ne crains rien, c'est Athéna qui me fait prendre tantôt l'apparence d'un vieillard, tantôt celle d'un homme plus jeune.

Disant ces mots, il s'assit auprès de son fils. Alors Télémaque se jeta contre sa poitrine en pleurant. Le père étreignit son fils et tous deux laissèrent couler des larmes que leur cœur avait contenues pendant vingt ans. Ils pleurèrent ainsi jusqu'à la nuit. Puis après avoir conté à son fils comment il était parvenu à Ithaque grâce à l'aide des Phéaciens, Ulysse songea à sa vengeance et il pressa Télémaque de questions sur les prétendants. Leur nombre n'inquiéta guère Ulysse qui savait pouvoir compter sur l'aide d'Athéna. Un plan germa dans son esprit qu'il exposa à son fils.

— Tu te rendras seul demain au palais. Je te suivrai avec Eumée sous l'apparence d'un mendiant car je veux éprouver la fidélité de mes serviteurs et de mon peuple. Les prétendants ne manqueront sans doute pas de m'insulter ! Mais même s'ils me frappent, ne fais pas un geste. Personne ne doit savoir que je suis de retour. À mon signal, emporte toutes les armes qui ornent la grande salle et entrepose-les dans la salle du trésor. Ne laisse que ce qu'il faut pour toi et moi.

Pendant qu'Ulysse et Télémaque délibéraient, les compagnons de Télémaque arrivés au palais avertissaient la reine du retour de son fils. Eumée, quelque temps après, le lui confirmait.

Au même moment, les prétendants virent arriver au port le navire qu'ils avaient envoyé en embuscade. Les marins revenaient bredouilles, Télémaque leur avait échappé. Il fallait qu'un dieu lui fût venu en aide car, jour et nuit, ils n'avaient cessé de sillonner la mer et de scruter l'horizon ! Le tuer leur parut la meilleure solution s'ils voulaient se partager ses biens et épouser sa mère. Restait auparavant à interroger les dieux afin de connaître le moment propice pour accomplir ce meurtre.

Quand Eumée rejoignit Télémaque, à la tombée de la nuit, il le trouva en compagnie d'Ulysse qui avait repris l'aspect d'un vieillard loqueteux. Tous trois dînèrent puis ils se couchèrent.

Le lendemain, quand parut l'aube aux doigts de rose, tout se passa ainsi qu'ils l'avaient décidé. Télémaque partit le premier. À peine pénétra-t-il dans le palais qu'Euryclée, sa vieille nourrice, accourut. Elle l'entoura de ses bras, baisant son visage et ses épaules, imitée bientôt par d'autres servantes. Pénélope, alertée par ces cris de joie, arriva à son tour. Elle aussi l'entoura de ses bras, baisant son visage et ses yeux.

« Malgré son émotion devant tant de chagrin,
Ulysse se retint de pleurer lui aussi. »

Ulysse, conduit par Eumée, était parvenu jusqu'à la fontaine aux belles eaux construite à l'entrée de la ville. Le chevrier Mélanthios s'y trouvait qui menait ses plus belles chèvres pour le banquet du soir.

— Voilà un gueux conduisant un autre gueux ! s'exclamat-il. Porcher, où conduis-tu ce mendiant, parasite des festins, ce quémandeur de croûtes ? Son dos et ses épaules sont usés à force de s'appuyer aux portes contre lesquelles il mendie. Il serait tout juste bon à curer mon fumier mais il répugne à l'ouvrage et préfère mendier pour satisfaire son ventre vorace ! Je te préviens que, s'il rentre dans le palais, ce sont des chaises qu'il recevra à la figure et qui lui caresseront les côtes !

Et de s'élancer sur Ulysse, dont il frappa la hanche de son talon. Sous le coup, Ulysse ne bougea pas. Allait-il abattre le chevrier d'un coup de bâton ou l'assommer contre le sol ? Mais il se contint et laissa Mélanthios poursuivre sa route.

Enfin, Eumée et Ulysse arrivèrent devant le palais d'où s'échappaient le son d'une cithare et les odeurs du festin qu'on y préparait. Couché sur un tas de fumier, vieux et couvert de tiques, il y avait là un chien abandonné. C'était Argos, un chien qu'avait élevé Ulysse juste avant son départ pour Troie. La pauvre bête, à l'approche de son maître qu'il avait reconnu malgré son apparence, avait dressé la tête et remué la queue. Les forces lui manquaient, hélas, pour s'approcher et lui faire fête. Ulysse qui avait remarqué l'animal se détourna d'Eumée de crainte qu'il ne vît la larme qui lui échappait. Et tandis que le porcher rejoignait les prétendants, Ulysse aperçut l'ombre de la mort ternir les yeux d'Argos qui, le premier, venait de reconnaître son maître malgré ses haillons, après vingt ans d'absence.

Ulysse pénétra à son tour dans le palais et s'assit sur le seuil. Télémaque, le voyant, lui fit apporter par Eumée un gros morceau de pain et deux pleines poignées de viande en même temps qu'il l'exhortait à mendier auprès de chacun des prétendants. Aucun n'osa refuser sauf Antinoos. Insultant Ulysse, il lui lança un tabouret qui atteignit de plein fouet son épaule droite. Ulysse resta sans broncher mais, dans son cœur, il ruminait sa vengeance.

Télémaque souffrait de voir son père ainsi humilié et frappé mais il se retint de lui venir en aide. Comme Ulysse, il méditait sa vengeance en son cœur. Mais voici qu'apparut Pénélope, cette femme divine. Debout dans l'entrée, ramenant son voile sur ses joues, elle s'adressa à Télémaque. Elle lui reprocha de laisser maltraiter un étranger dans sa maison. Et, à l'un des prétendants qui glorifiait sa beauté, sa taille et son esprit, elle répondit :

— Tu parles de ma beauté, prétendant, mais Ulysse en partant pour Troie l'a emmenée avec lui. Le jour de son départ, il m'avait demandé de prendre soin de ses biens, de ses parents, de son fils s'il ne revenait pas. Il avait ajouté que, lorsque Télémaque serait un homme, je devais épouser qui me plairait. Tout s'est déroulé ainsi qu'il l'avait dit. Mais lequel d'entre vous épouserai-je quand vous ne montrez aucune générosité ? Où sont les bœufs, les gras moutons, les présents dont on comble celle que l'on demande en mariage ? Au lieu de cela, vous me pillez alors que je suis sans défense !

À ces mots, la joie emplit le cœur d'Ulysse. Il savait qu'elle parlait ainsi aux prétendants non pour se choisir un époux mais pour obtenir d'eux quelques richesses.

Aussitôt les prétendants dépêchèrent leurs serviteurs. Bientôt, les cadeaux affluèrent dans le palais : voiles brodés, agrafes, colliers d'or, d'ambre, perles nacrées, boucles d'oreilles, tous rivalisaient dans l'espoir de l'emporter auprès de la reine. Mais celle-ci regagna l'escalier qui menait à sa chambre, suivie de deux servantes, les bras chargés de ces cadeaux somptueux. Dans la salle des festins éclairée par des torches, reprirent les danses et les chants jusque tard dans la nuit. Enfin, après une dernière coupe de vin à la douceur de miel, chacun s'en retourna dormir chez soi. Le divin Ulysse resta seul avec Télémaque, songeant en son cœur à la mort des prétendants.

— Télémaque, décroche vite les armes suspendues au mur. Si, demain, quelque prétendant s'avise de leur disparition, dis-lui qu'elles commençaient à rouiller ainsi exposées. Ou plutôt tu lui diras que tu craignais que, enivrés, ils ne se querellent et s'en saisissent pour se battre.

Télémaque obéit à son père. Il appela sa nourrice Euryclée :

— Nourrice, enferme toutes les femmes dans les chambres. J'irai pendant ce temps porter au trésor toutes les armes de mon père car la fumée les a rouillées.

Une fois Euryclée sortie, Ulysse et Télémaque transportèrent en hâte les casques, les boucliers, les lances aiguës. Puis Ulysse commanda à son fils d'aller dormir. Lui allait maintenant éprouver les servantes et sa mère. Le divin Ulysse resta seul, songeant en son cœur à la mort des prétendants.

Mais déjà Pénélope, la plus sage des femmes, descendait pour s'asseoir auprès du foyer et interroger son hôte. Ulysse refusa de lui dire qui il était et d'où il venait. Pénélope alors lui raconta sa triste histoire. Combien elle regrettait Ulysse ! Combien ce mariage avec l'un des prétendants lui faisait horreur ! Elle lui conta aussi la ruse de la toile, comment elle fut découverte à cause de la trahison de l'une de ses servantes.

Une fois ses malheurs contés, la reine pressa à nouveau son hôte de questions. Le subtil Ulysse lui raconta une fable dans laquelle il prit soin de mentionner qu'il avait accueilli son époux lors de l'expédition pour Troie. À ces mots, Pénélope se mit à pleurer et ses larmes ruisselaient sur ses belles joues comme la neige sur les montagnes fond sous l'ardeur du soleil. Malgré son émotion devant tant de chagrin, Ulysse se retint de pleurer lui-aussi. Mais Pénélope voulut éprouver son hôte. Puisqu'il avait vu Ulysse à son départ, qu'il lui décrive les vêtements qu'il portait ce jour-là.

— Il est difficile de te répondre car voici vingt ans qu'Ulysse est venu chez moi. Cependant je me souviens qu'il revêtait un manteau pourpre que fermait une agrafe d'or à double trou. Elle représentait un chien tenant un faon entre ses deux pattes. Sous ce manteau, il portait une tunique plus fine qu'une pelure d'oignon. Étaient-ce là les vêtements qui lui venaient de sa maison ou les lui avait-on offerts en route ? Je ne saurais le dire. Il avait tant d'amis !

C'étaient bien là les vêtements de son Ulysse ! Et la reine eut la certitude que son hôte disait bien la vérité. Elle l'assura de son respect et appela ses servantes afin qu'on lui lavât les pieds et lui préparât un bon lit pour la nuit qui était déjà très avancée.

Or ce fut à Euryclée qu'on assigna cette tâche. La vieille nourrice d'Ulysse s'approcha avec une bassine, émue de ce que cet étranger ressemblât tant à son maître. Après avoir mêlé l'eau froide à l'eau chaude, elle commença à le laver. Soudain, elle lâcha le pied d'Ulysse : elle venait de reconnaître une cicatrice provenant d'une blessure faite à son roi par un sanglier lors d'une chasse, il y avait bien longtemps.

Dans son émoi, elle renversa le chaudron dont l'eau se répandit sur le sol.

— Ulysse ! C'est toi, mon cher enfant ! murmura-t-elle d'une voix brisée par l'émotion.

Et elle voulut aussitôt prévenir la reine. Mais Ulysse lui ferma la bouche du plat de la main.

— Ne dis rien, nourrice, si tu ne veux pas ma perte. Personne ne doit savoir que je suis ici. Un seul mot et je ne t'épargnerai pas plus que je n'épargnerai les prétendants !

Euryclée l'assura de son silence et, après avoir rempli à nouveau la bassine, acheva de le laver et de le parfumer.

Après le bain, Pénélope et Ulysse restèrent longtemps à parler et la reine lui confia le projet qui lui était venu à l'esprit :

— Le jour honteux où je devrai quitter la maison de mon époux approche. Auparavant, je vais proposer une épreuve aux prétendants. Comme Ulysse jadis, ils devront réussir à bander son arc et, d'une flèche, traverser douze haches alignées. Si l'un d'eux y parvient, c'est lui que je suivrai, abandonnant cette demeure que je n'oublierai jamais, même dans mes rêves.

— Ne tarde plus car je suis sûr qu'Ulysse rentrera chez lui avant que les prétendants puissent réussir cette épreuve.

Pénélope, charmée par son hôte, aurait voulu converser avec lui toute la nuit mais les hommes ne peuvent se passer de sommeil. Ainsi en ont décidé les dieux !

— Adieu, mon hôte. Je vais maintenant me reposer sur ce lit qu'inondent mes larmes chaque nuit depuis le départ de mon cher époux.

Pénélope regagna sa chambre et pleura jusqu'à ce qu'Athéna versât dans ses yeux le doux sommeil.

1 Charades

De qui s'agit-il ?

A — Mon premier est un plat.
Mon deuxième n'est pas rapide.
Mon troisième, en anglais, est la boisson préférée des Anglo-saxons.
Mon quatrième constitue le squelette.
Mon tout est le nom d'un berger qui garde les chèvres.

Réponse : ....

B — Mon premier est une unité de surface.
Mon second est un synonyme familier d'enfant.
Mon tout est resté fidèle à Ulysse même après vingt ans d'absence.

Réponse : ....

2 Test de lecture

As-tu lu attentivement ce chapitre ? Coche la bonne réponse.

A — **Le nombre des prétendants n'inquiète pas Ulysse car il sait :**

  a qu'il est plus fort qu'eux.   b qu'Athéna lui viendra en aide.

B — **Les marins chargés de tendre une embuscade à Télémaque reviennent *bredouilles*. « Bredouille » signifie :**

  a qui a échoué.   b qui parle de manière confuse.

C — **Près de la fontaine, Ulysse est insulté et frappé par :**

  a le chevrier Mélanthios.   b le prétendant Antinoos.

D — Pénélope réclame des cadeaux aux prétendants :

[a] pour choisir comme époux le plus généreux.
[b] pour compenser tout ce que les prétendants lui ont pillé.

E — La ruse de la toile inventée par Pénélope a échoué :

[a] à cause d'une servante qui a tout raconté aux prétendants.
[b] parce qu'un prétendant l'a surprise.

F — Euryclée, la nourrice, sait que le mendiant est Ulysse :

[a] parce qu'il lui ressemble.   [b] à cause d'une cicatrice.

G — Pénélope épousera celui des prétendants qui, d'une seule flèche, traversera :

[a] dix haches.   [b] douze haches.

3 Les dieux emmêlés

Continue de relier le nom des dieux à leur portrait, en passant par les trois indices qui les identifient (aide-toi des fiches d'identité des dieux).

Zeus   Athéna   Hadès   Héphaïstos   Apollon

chêne   soleil

Delphes   feu   cimetière

aigle

Minerve   olivier

chouette

casque   lyre

foudre

marteau   Vulcain   Cerbère

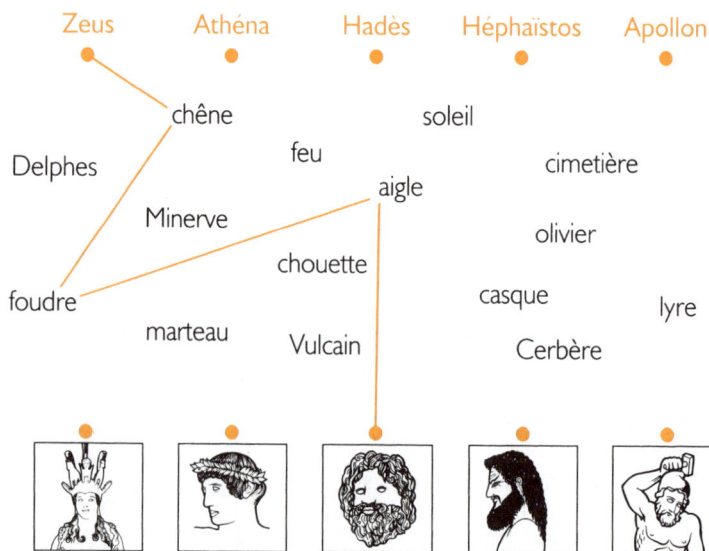

Héra est la femme de Zeus, le roi des dieux. Sa rancune est pourtant sans limites. Sais-tu qu'elle a pris part à la guerre de Troie pour se venger d'Aphrodite, sa rivale auprès de Pâris ?

Fiche d'identité

Héra

Portrait

Représentée sous les traits d'une femme majestueuse, tenant souvent un sceptre à la main. Elle a auprès d'elle son oiseau favori, le paon.

Signes particuliers

Est très jalouse et rancunière. N'hésite pas à châtier ses rivales, même innocentes ou abusées par les métamorphoses de son époux. Poursuit d'une haine implacable leurs enfants.

Née de :
Cronos et Rhéa.

Sœur de :
Hadès, Zeus, Poséidon...

Épouse de :
Zeus.

Mère de :
Héphaïstos, Arès, Hébé.
Le monstre Typhon serait né d'elle seule, en réponse à la naissance d'Athéna (voir p. 32).

Profession :
déesse de la Famille, protectrice du mariage.

Adresse :
l'Olympe.

Animal : le paon et le coucou (pour l'approcher, Zeus qui la convoitait l'abusa en se métamorphosant en coucou).

Fruit : la grenade.

Sanctuaires où elle est vénérée :
Argos, Olympie, Samos (île où elle naquit, dit-on).

Équivalent latin : Junon.

La vengeance d'Ulysse

LE LENDEMAIN à l'aube, toutes les servantes s'affairaient dans le palais car ce jour-là allait être fêté Apollon. Les unes de nettoyer, disposer les tables, puiser de l'eau ; les autres de fendre du bois ou conduire le bétail destiné au festin.

Toujours inspirée par Athéna, Pénélope mit son plan à exécution. Quittant sa chambre, elle se rendit dans la salle du trésor où l'on gardait soigneusement l'arc et le carquois d'Ulysse. Lorsqu'elle les eut entre les mains, la reine s'assit et pleura longtemps. Puis, suivie de ses servantes qui portaient un coffre contenant les douze haches, elle gagna la grande salle que les prétendants emplissaient déjà. Ramenant son voile sur ses joues, elle leur parla ainsi :

— Si je dois choisir l'un d'entre vous comme époux, sachez que j'épouserai celui qui parviendra à tendre l'arc d'Ulysse et qui, d'une seule flèche, traversera ces douze haches alignées.

Puis elle ordonna à Eumée de remettre l'arc aux prétendants. En pleurant, celui-ci le prit. Dans un coin, le bouvier d'Ulysse pleurait aussi.

— Quels sots ! Si vous voulez pleurer, sortez ! Mais laissez l'arc ici ! s'écria alors Antinoos. C'est là une épreuve difficile. Je ne pense pas qu'on tende cet arc aisément car aucun d'entre nous n'a la force d'Ulysse.

Antinoos parlait ainsi mais il gardait bon espoir d'y parvenir. Inconscient ! Il ne savait pas que la première flèche d'Ulysse serait pour lui. Télémaque prit alors la parole :

— Allons, dépêchons-nous ! Montrez-nous si vous pouvez bander cet arc car je me propose moi-même d'essayer. Mais si je réussis, ma mère ne quittera point cette maison.

Se saisissant de son épée, il creusa une tranchée dans laquelle il enterra le manche de chaque hache, en vérifiant avec une grande attention l'alignement des anneaux dont les cognées étaient percées. Il tenta à son tour de tendre la corde... Hélas, il n'y parvint pas. Trois fois il essaya et trois fois il échoua. Sur le point de tenter un quatrième essai, un signe de son père l'arrêta.

— Suis-je trop faible ou trop jeune ? Quoi qu'il en soit, à votre tour maintenant !

Le premier à concourir fut le devin. Il fit un essai mais sans succès. Antinoos eut alors l'idée d'envoyer le chevrier Mélanthios chercher un bloc de suif afin de graisser l'arc. Mais même après l'avoir graissé et chauffé à la flamme, aucun de ceux qui s'y essayèrent ne parvint à le bander.

Le porcher et le bouvier décidèrent alors de quitter l'endroit. Ulysse les rattrapa au moment où ils franchissaient les portes extérieures.

— Holà ! arrêtez-vous ! Je dois vous parler. Si votre maître revenait tout à coup, lui porteriez-vous secours ou aideriez-vous les prétendants ? leur demanda-t-il. Répondez-moi sincèrement.

— Fasse que Zeus le ramène et tu verras ! répliquèrent-ils.

Alors certain de leur fidélité envers lui, Ulysse leur confia la vérité et, pour mieux les convaincre, leur dévoila sa cicatrice. Tous deux l'entourèrent aussitôt de leurs bras et baisèrent son visage et ses épaules. Ulysse, lui aussi, baisait leur visage et leurs épaules. Mais le maître mit un terme à ces effusions : on ne devait pas les trouver ainsi tous trois. Il expliqua à chacun ce qu'il aurait à faire. Eumée devrait remettre l'arc à Ulysse et exiger ensuite des femmes qu'elles restent enfermées dans leurs appartements malgré les cris qu'elles entendraient dans la grande salle. Quant au bouvier, qu'il ferme soigneusement les portes de la cour !

Ayant ainsi parlé, Ulysse regagna la grande salle, suivi peu de temps après par ses deux serviteurs. Eurymaque était en train d'essayer de tendre l'arc. Peine perdue ! Le lâchant, il s'exclama :

— Quelle honte pour nous de mesurer à quel point la force d'Ulysse nous dépasse !

— Non pas, répliqua Antinoos. C'est parce que nous célébrons aujourd'hui Apollon, le dieu archer, que nos efforts restent vains. Offrons-lui quelques bêtes en sacrifice et reprenons ce concours demain.

C'est alors qu'à la stupéfaction de tous Ulysse demanda l'arc. Il voulait, disait-il, voir si le mendiant qu'il était devenu conservait encore sa vigueur d'antan ou si les souffrances endurées l'en avaient privé. Antinoos et Eurymaque s'y opposèrent, craignant sans doute qu'il réussît et qu'on allât partout dire qu'un pauvre vagabond avait triomphé là où eux avaient échoué. Mais Pénélope intervint en sa faveur, répliquant que son hôte était de bonne naissance et que, s'il remportait cette épreuve, certes, elle ne l'épouserait pas mais lui remettrait de nombreux présents.

— Ma mère, lui dit alors Télémaque, c'est à moi de décider qui doit ou non tirer à l'arc. Retourne en tes appartements reprendre tes travaux avec tes servantes. L'arc est affaire

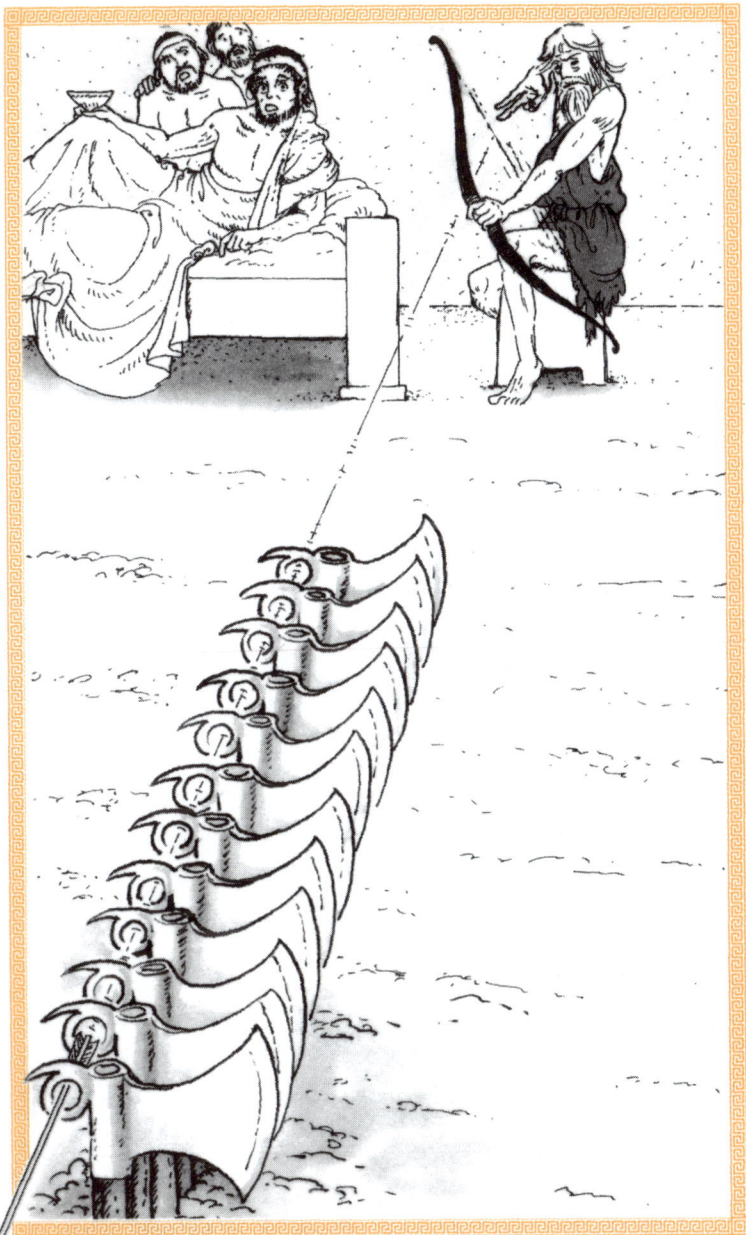

« Précise, la flèche traversa toutes les haches. »

d'hommes et d'abord la mienne car je suis le maître ici.

Tremblante, Pénélope s'en fut. Elle pleura longtemps son cher époux avant qu'Athéna lui accordât le doux repos.

Pendant ce temps, dans la salle, Eumée prit l'arc et le porta à Ulysse malgré les protestations des prétendants. Puis, discrètement, le porcher alla trouver Euryclée afin qu'elle barricadât les portes de la salle et des pièces où se trouvaient les femmes tandis que le bouvier, lui, fermait celles de la cour. Leur tâche accomplie, ils regagnèrent leurs sièges et gardèrent les yeux fixés sur Ulysse.

L'arc bien en main, celui-ci le mania, le soupesa, l'examina en tous sens. Les vers ne l'avaient-ils pas rongé pendant sa longue absence ? À le voir ainsi faire, les prétendants murmuraient qu'il agissait là en connaisseur.

Après l'avoir longuement observé, tel un joueur de cithare tend aisément une corde neuve, le subtil Ulysse banda sans aucune peine l'arc. De sa main droite, il en fit vibrer la corde qui cria comme une hirondelle. Dans la salle, tous blémirent d'angoisse. Zeus tonna dans le ciel et cet heureux présage réjouit Ulysse. Il prit une flèche, l'ajusta, tendit la corde et, sans bouger de son siège, tira. Précise, la flèche traversa toutes les haches.

— L'étranger auquel tu as accordé l'hospitalité s'est-il moqué de toi, Télémaque ? dit alors Ulysse. Mes forces ne m'ont pas abandonné comme peuvent en juger les prétendants qui se moquaient à l'instant ! Mais voici venu le moment de leur servir le repas avant que la nuit tombe. Jeux et chants suivront !

Disant ces paroles, il fronçait les sourcils en direction de Télémaque. Aussitôt celui-ci, glaive et lance aux poings, se rangea aux côtés de son père. Ulysse alors se défit de ses haillons et bondit sur le seuil. Tenant toujours son arc, il vida à ses pieds son carquois empli de flèches acérées.

— Le jeu est maintenant terminé. Je me propose une autre cible. Qu'Apollon m'accorde la gloire de l'atteindre !

La première flèche toucha Antinoos qui, tenant les anses de sa coupe, s'apprêtait tout juste à la porter à ses lèvres. La flèche perça sa gorge, traversa son cou délicat et ressortit derrière sa nuque. Il lâcha sa coupe, s'écroula à la renverse, tandis que le sang jaillissait de ses narines. Dans sa chute, il emporta la table chargée de viandes et de pains qui roulèrent à terre dans la poussière.

La stupéfaction passée, quel tumulte parmi les prétendants ! C'était à qui s'élançait, à qui courait, à qui cherchait en vain les armes accrochées aux murs.

— Étranger, tu viens de tuer notre chef ! Maintenant tu vas mourir et ta carcasse nourrira les vautours ! crièrent ces fous qui croyaient que c'était par mégarde qu'il avait tué Antinoos.

La mort planait sur eux et eux ne la voyaient pas !

— Chiens, vous étiez donc sûrs que je ne reviendrais pas pour oser ainsi piller mes biens, séduire mes servantes et courtiser ma femme. Vous ne craigniez donc pas les dieux ni la vengeance humaine ! Maintenant vous allez tous mourir !

À l'entendre, les prétendants verdissaient de peur. Seul Eurymaque osa lui répondre :

— Ulysse, ta colère est légitime. Mais celui qui est cause de tout, le voilà qui gît à terre. C'est Antinoos. Il voulait régner sur Ithaque après avoir tué ton fils. Le voilà puni ! Épargne-nous ! Nous te dédommagerons pour tout ce que nous t'avons bu et mangé. Nous te paierons avec de l'or, de l'argent, du bronze et chacun t'offrira vingt bœufs.

— Je vous massacrerai jusqu'au dernier quand bien même

vous m'apporteriez tout ce que vous possédez. Battez-vous ou fuyez mais pas un n'échappera à ma vengeance !

Les prétendants sentirent leurs jambes se dérober sous eux mais Eurymaque les harangua :

— Amis, rien ne l'arrêtera. Il nous abattra tous avec ses flèches. Luttons ! Prenons les tables comme boucliers, prenons nos glaives et chassons-le tous ensemble du seuil élevé d'où il nous vise. La porte ainsi libérée, nous irons demander du secours.

Eurymaque eut à peine le temps de sortir son épée en poussant un cri terrible qu'une flèche l'atteignait en pleine poitrine. Son front heurta le sol et ses yeux se ternirent. Aussitôt un autre prétendant s'élança mais Télémaque qui veillait lui plantait déjà entre les deux épaules sa lourde lance dont la pointe ressortit par le thorax. Sans chercher à la reprendre, vite, il courut au trésor récupérer d'autres armes pour lui et son père ainsi que pour le porcher et le bouvier.

Ulysse, lui, décochait flèche sur flèche, tuant à chaque fois un prétendant. Quand Télémaque fut de retour et que les flèches vinrent à lui manquer, il se protégea d'un bouclier, coiffa un casque et empoigna deux lances.

Voyant cela, le chevrier Mélanthios, allié des prétendants, eut alors l'idée de se rendre dans la salle du trésor pour voir si les armes de la grande salle n'avaient pas été cachées là. Un instant plus tard, Ulysse pâlit quand il vit les prétendants arborant des casques à la longue crinière et armés de boucliers et de longues javelines.

— Télémaque, dit-il, l'une des servantes a dû nous trahir et nous vaut cette lutte inégale.

— Mon père, je n'ai pas dû refermer la porte. Vite, Eumée, va !

C'est alors que le porcher aperçut Mélanthios qui retournait au trésor prendre de nouvelles armes. Il en avertit Ulysse. Il fallait l'arrêter, le ligoter et refermer la porte. Surtout ne pas le tuer afin qu'Ulysse pût se venger de lui. Le porcher et le bouvier obéirent aux ordres de leur maître et revinrent se battre à ses côtés.

L'un des prétendants s'écria :

— Amis, Ulysse va finir par se fatiguer. Nous avons douze javelines. Lançons-en six contre lui et que Zeus permette que l'une d'entre elles l'atteigne !

Les six premières furent projetées mais un dieu dévia leur trajectoire. À leur tour, Ulysse et ses compagnons jetèrent les leurs et chacune rencontra sa cible. À nouveau, l'on recommença et toujours de nouveaux prétendants mordaient la poussière. Enfin, Athéna brandissant son égide meurtrière apparut. Elle sema la panique dans les rangs des prétendants qui fuirent en tous sens tel un troupeau de bœufs tourmentés par des taons. Alors Ulysse et les siens fondirent sur eux et les massacrèrent. Partout, les crânes brisés jonchaient le sol, partout le sang ruissellait en rigoles.

Seuls deux hommes furent épargnés : l'aède Liodès, que les prétendants contraignaient à chanter lors de leurs festins, et le héraut Medon, qui prit soin de l'enfance de Télémaque.

La vengeance d'Ulysse était accomplie.

Sur la demande de son roi, Euryclée fit brûler du soufre afin de purifier la demeure après tout ce sang versé. Ensuite elle se hâta d'aller annoncer la bonne nouvelle aux autres femmes qui toutes entourèrent Ulysse, couvrirent ses mains, sa tête et ses épaules de baisers. Ulysse eut alors envie de pleurer car son cœur les reconnaissait toutes.

Le rire aux lèvres, bondissant et sautant les marches, la

vieille Euryclée monta alors jusqu'à la chambre de la reine.

— Pénélope, vite, lève-toi ! Ulysse est là. Il a tué de sa main tous les prétendants !

— Ô dieux, vous l'avez rendue folle ! Nourrice, tu te moques de mon malheur en parlant ainsi ! Pourquoi me réveiller alors que, depuis le départ d'Ulysse, jamais je n'avais aussi bien dormi !

— C'est la vérité ! Ulysse est bien là. L'étranger que tous injuriaient, c'était lui ! Télémaque le savait mais il n'a rien dit afin que son père puisse exercer sa vengeance.

— Mais si tu dis vrai, comment a-t-il pu tuer les préten-dants à lui seul ?

— Comment le saurais-je ? J'étais enfermée avec les autres femmes, toutes portes closes. Quand je l'ai vu, il se dressait au milieu d'un amoncellement de cadavres. Maintenant que la salle est propre, il m'envoie te chercher. Tes vœux sont exaucés ! Il est vivant et a pu se venger !

Pénélope restait incrédule. Elle ne pouvait croire qu'Ulysse fût vivant.

— Tu ne veux pas me croire ? Je vais te donner une preuve : je l'ai reconnu moi-même en lui lavant les pieds, grâce à sa cicatrice. J'ai voulu t'avertir mais, plaquant sa main sur ma bouche, il m'a ordonné le silence. Maintenant viens et tue-moi si je ne dis pas la vérité !

Pénélope, bouleversée, se résolut enfin à suivre la vieille. Quand elle vit Ulysse dans la grande salle, elle se demanda si elle allait tout d'abord l'interroger ou si, l'entourant de ses bras, elle allait lui baiser le visage et les mains. Elle s'avança et s'assit à l'opposé d'Ulysse, face à lui. Celui-ci attendait, les yeux baissés, qu'elle l'interrogeât. Elle restait silencieuse. C'est qu'il lui semblait parfois reconnaître son époux pour, l'instant d'après, ne voir devant elle qu'un mendiant en guenilles.

— Quelle cruauté ! Tu retrouves mon père après vingt ans d'absence et tu restes loin de lui, sans lui adresser même une parole ! Ton cœur est plus dur que la pierre ! s'exclama alors Télémaque.

— Je suis tellement surprise que je ne peux ni le regarder ni lui parler ! Mais nous saurons nous reconnaître à certains signes connus de nous seuls.

Le divin Ulysse, qui avait enduré tant de malheurs, sourit.

— Ta mère veut m'éprouver. Comment me reconnaître sous ces loques qui ne lui inspirent que mépris ? Mais je songe qu'il est trop tôt pour qu'en ville on apprenne le massacre des prétendants. Que chacun se lave, endosse ses plus beaux vêtements et danse au son de la lyre dont jouera l'aède.

— Ce sont les noces de la reine, dira-t-on.

Tous lui obéirent. Quand Ulysse revint auprès de Pénélope, lavé, le corps enduit d'huile fine, Athéna le fit paraître plus grand et semblable à un dieu. Devant le silence de Pénélope, il lui dit alors :

— Parmi toutes les femmes, c'est à toi que les dieux ont donné le cœur le plus dur ! Euryclée, prépare-moi un lit où je dormirai seul cette nuit.

— Obéis, nourrice, et apporte ici le lit qu'Ulysse a fait de ses mains.

En disant cela, Pénélope voulait éprouver le mendiant qui se disait son mari. Ulysse ne le comprit pas et s'écria, indigné :

— Que dis-tu, femme ? Nul ne le peut, à moins qu'un dieu ne lui apporte son aide.

Et Ulysse, poursuivant, raconta comment il l'avait fabriqué à partir d'un olivier feuillu qui poussait dans la cour. Il en avait tranché le tronc vigoureux et, tout autour, avait monté pierre à pierre les murs de leur chambre. Puis, sur le tronc coupé, il avait dressé le cadre dont il avait incrusté les montants d'or, d'argent et d'ivoire. Il y avait ensuite tendu les sangles.

— Notre lit est-il toujours à sa place ou, pour le déplacer, a-t-on coupé le tronc de l'olivier ? demanda-t-il.

Pénélope se sentit défaillir : Ulysse venait de lui donner la preuve qu'elle attendait. C'était bien son mari qui se tenait devant elle. En pleurant, elle accourut vers lui, l'entoura de ses bras et baisa son visage.

— Me pardonneras-tu de ne pas t'avoir tout de suite fait bon accueil ? Je craignais qu'un étranger ne m'abusât, se faisant passer pour Ulysse. Mais toi, je te crois. Tu m'as donné la preuve que tu es bien mon époux car, en dehors de la chambrière, nous étions les seuls à connaître ce détail concernant notre lit nuptial.

Serrant sa femme contre lui, Ulysse pleura. Rien ni personne n'aurait pu alors arracher Pénélope des bras de son époux enfin retrouvé.

1 Généalogie

La généalogie est la science des filiations, c'est-à-dire des liens de parenté. Saurais-tu relier, avec des crayons de différentes couleurs, les enfants aux parents, les parents aux grands-parents ?

Enfants	Parents	Grands-parents
Hermès ●	● Déméter ●	
Athéna ●	● Léto ●	
Artémis ●	● Zeus ●	● Chronos
Apollon ●	● Héra ●	
Perséphone ●	● Hadès ●	● Rhéa
Héphaïstos ●	● Poséidon ●	
Cyclope ●	● Maïa ●	

Complète maintenant ces phrases à l'aide de la liste des liens de parenté.

Liste : frère(s) – sœur(s) – époux – enfant(s) – fils – fille – jumeaux père – mère – épouse.

1 – Zeus est à la fois le .... et l'.......................... d'Héra.

2 – Poséidon, Zeus, Hadès sont ....

3 – Héra et Déméter sont ....

4 – Tous sont les .... de Chronos et de Rhéa.

5 - Perséphone est la .... de Zeus. Déméter est sa

.... Elle est l'............................ de Hadès.

6 - Héphaïstos est le .... de Zeus et de Héra.

7 - Athéna n'a pas de .... Elle est la ....

de Zeus sortie tout armée du crâne de son ....

8 - Apollon et Artémis sont .... Leur ....

est Léto.

9 - Maïa est la .... d'Hermès.

10 - Poséidon est le .... des Cyclopes.

Ξ 2 Transcription

Alphabet grec

α β γ δ ε ζ η θ ι κ λ
μ ν ξ ο π ρ σ τ υ φ χ ψ ω

Sans le savoir, tu utilises de nombreux mots issus directement du grec. À l'aide des 24 lettres de l'alphabet grec, saurais-tu les retrouver ? Attention, il te faudra changer quelques lettres pour les orthographier correctement en français.

1 - ο ρ θ ο γ ρ α φ ι α ....

2 - ο μ ω ν υ μ ο σ ....

3 - σ υ ν ω ν υ μ ο σ ....

4 - π ο λ υ γ ω ν ο σ ....

5 - ε ζ α γ ω ν ο σ ....

6 - π ο λ υ θ ε ο σ ....

7 - δ η μ ο χ ρ α τ ι α ....

Fiche d'identité

Aphrodite

Aphrodite est peut-être la plus belle des déesses... et celle qui excite le plus la jalousie des autres ! Elle a joué un rôle déterminant dans la guerre de Troie. Découvre ici son histoire !

Portrait

Toujours représentée nue ou à demi-nue. Toujours jeune et belle, riante souvent. Tantôt elle émerge des flots sur une conque marine, tantôt elle est traînée sur un char attelé de colombes ou de cygnes.

Signes particuliers

Beauté irrésistible. Possède une ceinture magique qui renferme tous les pouvoirs de la séduction (le sourire engageant, l'éloquence des yeux, les soupirs persuasifs, la grâce). Son miroir est devenu le symbole de la sexualité féminine.

Née de : l'écume de la mer et du sang d'Ouranos. Elle surgit nue de la mer dans un coquillage nacré.

Épouse de :
Héphaïstos.

Mère de :
— Éros, qui a pour père Arès ;
— Hermaphrodite, qu'elle eut d'Hermès ;
— Énée, qui fonda la ville de Rome et qu'elle eut avec Anchise, simple mortel.

Profession :
déesse de la Beauté et de l'Amour.

Adresse : l'Olympe ou l'île de Cythère.

Fleur : la rose.

Fruit : la pomme.

Animaux : le cygne et surtout la colombe.

Sanctuaires où elle est vénérée :
Cnossos en Crète, Paphos dans l'île de Chypre.

Jour consacré : vendredi.

Équivalent latin : Vénus.

Notes personnelles

Réponses aux jeux

II - Calypso aux cheveux bouclés

(pages 22/23)

Jeu 1
A - c / B - b / C - a / D - b
E - c / F - c / G - a / H - b

Jeu 2
A - Peau-sait-i-don : Poséidon.
B - Peine-ailes-hop : Pénélope.
C - Aire-messe : Hermès.

Jeu 3
Troie.
L'ambroisie.

III - Nausicaa aux bras blancs

(pages 30/31)

Jeu 1
1- f / 2 - c / 3 - b / 4 - a / 5 - d / 6 - e.

Jeu 2
A - fée-as-si : Phéacie.
B - cher-riz : Schérie.
C - arts- été : Arété.

Jeu 3
1 - seuil.
2 - hospitalité.
3 - naufragé.
4 - errance.
5 - Phéacie.
6 - suppliant.
7 - sacrifice.
8 - cratère.
9 - égide.
10 - oindre.

IV - Le Cyclope

(pages 44/45)

Jeu 1
A - Les Lotophages.
B - Les Cyclopes.

Jeu 2
1 - sot.
2 - Sceaux.
3 - saut.
4 - seau.
5 - sceau.

Jeu 3
Taureau-vache-veau-bouvier.
Verrat-truie-porcelet-porcher.
Bouc-chèvre-chevreau-chevrier.
Bélier-brebis-agneau-berger.
Étalon-jument-poulain-gardian.

V - Circé la magicienne

(pages 56/58)

Jeu 1
A - Laisse-tri-gonds : Lestrygons.
B - Canne-nid-balle : cannibales.

Jeu 2
Éolie.

Jeu 3
A - b / B - a / C - a / D - a / E - c
F - b / G - c / H - b

Jeu 4
1 - hydrophobe.
2 - agoraphobe.
3 - claustrophobe.
4 - anglophobe.

VI - Le royaume des Morts
(pages 68/69)

Jeu 1

A - Hadès.

B - Agamemnon.

C - Achille.

Jeu 2

Pelle-haie : Pélée.

Hache-île : Achille.

Nez-Hop-tôt-lait-meuh ! : Néoptolème.

Jeu 3

Peine-nez-lot-peu : Pénélope.

VII - Charybde et Scylla
(pages 80/81)

Jeu 1

1 - b / 2 - c / 3 - e / 4 - f / 5 - d

6 - a

Jeu 2

A - Heure-riz-loques : Euriloque.

B - si-las : Scylla.

C - cire-reine : sirène.

Jeu 3

Circé.

sirènes.

Charybde.

Scylla.

six.

l'île du Trident.

Soleil.

Euryloque.

l'île d'Ogygie.

VIII - Le retour d'Ulysse à Ithaque
(pages 93/94)

Jeu 1

A - Télé-mât-queue : Télémaque.

B - Mais-nez-lasse : Ménélas.

Jeu 2

Haie-lait-nœud : Hélène.

Jeu 3

1 - v / 2 - f / 3 - f / 4 - v

5 - f / 6 - f / 7 - f / 8 - v

Jeu 4

1 - père.

2 - perd.

3 - paire.

4 - pers.

IX - Ulysse dans son palais
(pages 105/106)

Jeu 1

A - Met-lent-tea-os : Mélanthios.

B - Are-gosse : Argos.

Jeu 2

A - b

B - a

C - a

D - b

E - a

F - b

G - b

Jeu 3

Zeus : foudre - chêne - aigle.

Athéna : chouette - olivier - Minerve.

Hadès : casque - Cerbère - cimetière.

Héphaïstos : marteau - Vulcain - feu.

Apollon : lyre - soleil - Delphes.

X - La vengeance d'Ulysse
(pages 119/120)

Jeu 1

Dans tous les cas, les grands-parents

sont Chronos et Rhéa.
- Hermès - Zeus - Maïa.
- Athéna - Zeus.
- Artémis - Zeus - Léto.
- Apollon - Zeus - Léto.
- Perséphone - Zeus - Déméter.
- Héphaïstos - Zeus - Héra.
- Cyclope - Poséidon.

1 - Zeus est à la fois le frère et l'époux d'Héra.
2 - Poséidon, Zeus, Hadès sont frères.
3 - Héra et Déméter sont sœurs.
4 - Tous sont les enfants de Chronos et de Rhéa.
5 - Perséphone est la fille de Zeus. Déméter est sa mère. Elle est l'épouse de Hadès.
6 - Héphaïstos est le fils de Zeus et de Héra.
7 - Athéna n'a pas de mère. Elle est la fille de Zeus sortie tout armée du crâne de son père.

8 - Apollon et Artémis sont jumeaux. Leur mère est Léto.
9 - Maïa est la mère d'Hermès.
10 - Poséidon est le père des Cyclopes.

Jeu 2

1 - ο ρ θ ο γ ρ α φ ι α = orthographe.
2 - ο μ ω ν υ μ ο σ = homonyme.
3 - σ υ ν ω ν υ μ ο σ = synonyme.
4 - π ο λ υ γ ω ν ο σ = polygone.
5 - ε ζ α γ ω ν ο σ = hexagone.
6 - π ο λ υ θ ε ο σ = polythéiste.
7 - δ η μ ο χ ρ α τ ι α = démocratie.

Index des noms propres

Les noms des lieux sont indiqués en maigre ; les numéros de pages en couleur renvoient aux fiches d'identité des dieux.

Conception et réalisation : Studio Imaginis
Suivi éditorial : Valérie Blondel
Corrections : Patricia Mendiondo
Achevé d'imprimé en France en janvier 2009
sur les presses de l'Imprimerie France Quercy - Mercuès
N° d'imprimeur : 82641
N° de projet : 10157813